中国票据市场研究

(2022年第3辑 总第12辑)

中国票据研究中心 编

中国金融出版社

责任编辑：黄海清
责任校对：李俊英
责任印制：程　颖

图书在版编目（CIP）数据

中国票据市场研究. 2022年第3辑／中国票据研究中心编.
—北京：中国金融出版社，2022.10

ISBN 978-7-5220-1774-7

Ⅰ.①中… Ⅱ.①中… Ⅲ.①票据市场—中国—文集
Ⅳ.①F832.5-53

中国版本图书馆CIP数据核字（2022）第183158号

中国票据市场研究. 2022年第3辑
ZHONGGUO PIAOJU SHICHANG YANJIU. 2022 NIAN DI-3 JI

出版
发行　中国金融出版社

社址　北京市丰台区益泽路2号
市场开发部　（010）66024766，63805472，63439533（传真）
网 上 书 店　www.cfph.cn
　　　　　　（010）66024766，63372837（传真）
读者服务部　（010）66070833，62568380
邮编　100071
经销　新华书店
印刷　河北松源印刷有限公司
尺寸　185毫米×260毫米
印张　6
字数　81千
版次　2022年10月第1版
印次　2022年10月第1次印刷
定价　49.00元
ISBN 978-7-5220-1774-7
如出现印装错误本社负责调换　联系电话　（010）63263947

编委会

编委会主任：宋汉光
编委会委员：（按姓氏笔画排序）
　　　　　　孔　燕　包　柳　刘莉亚　李　唯　李　敏
　　　　　　林榕辉　郑少华　侯　林　董继松

主　　　编：宋汉光
副 主 编：孔　燕　刘莉亚
执 行 主 编：颜永嘉
本期责任编辑：沈艳兵　李智康

理 事 单 位：上海票据交易所
　　　　　　上海财经大学
　　　　　　中国工商银行
　　　　　　中国农业银行
　　　　　　招商银行
　　　　　　上海浦东发展银行
　　　　　　兴业银行
　　　　　　中国民生银行

目 录

特 稿   1

票据市场服务中小微企业研究

　　　　　　　　　　上海票据交易所课题组   3

市场研究   23

转型金融框架呼之欲出

　　　　　　鲁政委　钱立华　熊程程　方　琦   25

我国绿色票据发展现状及路径的探索　　杨泽鹏　周瑜茜   33

碳中和背景下创新绿色票据发展的思考　　　　　汪办兴   43

票据交易业务信用风险的评估研究　　　孙世乾　王　鹏   56

做市商制度在票据市场的应用研究　　　王　鹏　丁　卯   70

国际经验   83

国际金融动态　　　　　　　　　上海票据交易所　编译   85

特　　稿

票据市场
服务中小微企业研究

上海票据交易所课题组

[摘　要]　中小微企业是国民经济的重要组成部分，在促进增长、增加就业、科技创新等方面发挥着重要作用。票据作为商业信用规范化的表现形式，有专门法律保障、无因性，基础设施完善、产品创新活跃，一二级市场联动、政策工具直达，使用便捷、融资便利，在服务中小微企业方面独具优势。本文聚焦票据市场发展的新情况、新变化，在有关研究的基础上，通过面向金融机构和企业问卷调查[①]、一对一访谈等方式，对票据市场服务中小微企业的机制和成效进行了进一步的探讨分析。

研究表明，票据能够更好促成中小微企业达成贸易、有效节约中小微企业资金使用、充分契合中小微企业短期融资需求，是中小微企业在贸易往来、生产经营中理想的支付融资工具。随着近年来票据实现全面电子化，票据功能作用更为彰显，用票中小微企业家数显著增加，票据签发、背书转让和贴现规模不断扩大，票据支付和融资便利度不断提升，票据融资成本明显低于贷款且持续降低，票据市场服务中小微企业发展的成效显著。

[关键词]　中小微企业　票据　支付融资

---

① 课题组于2022年6月上旬向10余家金融机构发放"企业票据使用情况调查问卷"，共回收551份，其中，中小微企业522份，占比95%。中小微企业的划分标准参照工信部等部委印发的《关于印发中小企业划型标准规定的通知》（工信部联企业〔2011〕300号）。

一、票据市场服务中小微企业研究综述

我国票据市场起步于20世纪80年代初，历经40多年已发展成为现代金融市场的重要组成部分。业界和学界的相关研究肯定了票据市场在我国经济金融体制改革进程中的积极作用，认为票据是发展商业信用的必然产物，有力地支持了实体经济增长，有效促进了中小微企业发展。

（一）票据是市场经济发展商业信用的产物

改革开放以前，我国实行计划经济，对产品实行统购统销，对财政实行统收统支，对金融实行统存统贷，对商业信用进行清理和控制。当时的社会经济中，汇票和本票不存在，支票也仅限于单位进行结算时使用，个人不得使用。

党的十一届三中全会以后，我国理论界、金融界在"社会主义经济是有计划的商品经济"理论指导下，开始对现代意义上的票据市场进行研究探索（苏杰，1998）。上海金融界成为"第一个吃螃蟹的人"。1981年，上海市草拟了票据承兑和贴现办法，并在小范围内试办了同城票据承兑与贴现业务。1981年2月，人民银行上海杨浦区办事处与黄浦区办事处合作试办了第一笔同城商业承兑汇票的贴现（阙方平，1999）。

票据是高阶规范的商业信用。信用有一个从低级到高级、由不完善到完善的逐步发展过程，其发展轨迹是口头信用—挂账信用—以票据为载体的商业信用—银行信用—规范化的证券信用。从历史和逻辑发展的观点来看，以票据为载体的商业信用先于其他信用形式，以票据为交易对象，实现融资目的的票据市场是最为古老的金融市场。这种古老的金融市场并不会因其"老"而衰亡，从其产生的基础和市场功能看，它永远都不会退出商品经济舞台，可以说，只要存在企业生产经营活动，就会有商业信用，也就会有票据市场（戴小平，2000）。票据是什么？究其根源就是商业信用的表达形式，是商品劳务交易双方相互提供的一种直接信用，是信用的一种特殊形式。信用状况越好，票据流通就越顺利，交易成本就越低；反之，则票据无人敢于接受，只能回到现金交易和以货易货的老路上去（秦池江，2002）。

票据市场对我国现阶段的经济发展有着不可替代的推动作用。它可以直接满足企业的短期流动性需求，提升银行资产质量，缓解我国企业间"三角债"和中小企业融资等难题，对完善我国金融体系结构，改善货币政策传导也有重大意义（易纲等，2003）。

（二）票据市场有力支持中小微企业发展

1. 票据服务中小微企业具有独特优势。票据是中小微企业最常用、最实用的支付融资工具，在破解中小微企业融资难题的过程中具有独特优势（宋汉光，2019；孔燕，2019）。票据融资在企业的短期资金融通方面具有手续方便、无需担保、不受资产规模限制、融资成本低等特性与优势（于永芹、李遐桢，2015）。票据作为货币市场的一种短期金融工具，一方面，能满足中小企业"期限短、次数多、数量小"的融资需求；另一方面，相比资本市场的股票、债券等金融工具而言，其流动性更强、确定性更高（吴京辉、胡兰，2019）。使用短期融资券进行债务融资的企业通常为大型企业，而票据融资则主要服务于中小企业（陈卫东、曾一村、付萱，2017）。

2. 票据有效缓解中小微企业融资难融资贵。票据能够有效缓解企业之间的债务拖欠问题，降低经营风险，并为企业提供灵活便利的融资途径（苏杰，1998）。借助票据工具，企业可在不影响杠杆条件的情况下实现短期支付和融资便利，利于缓解中小企业的融资困境（陈敏、方意，2020）。票据业务已经成为金融支持实体经济发展，尤其是缓解中小企业融资难的重要途径（孙向忠、郑筱玮，2001；陈珊、胥宗乾，2012）。票据融资快速增长，拓宽中小企业的融资渠道（盛朝晖，2010）。票据市场在我国金融市场中所占地位不断提高，并成为货币市场中最为活跃的组成部分，在一定程度上缓解了长期制约我国中小企业发展的融资难问题（殷仲民、张博，2006）。银行在贷款的发放上较为谨慎，评估较为严格，对于那些经营业绩、财务状况一般的中小企业，票据融资不仅为其解决了资金问题，通过票据融资这些企业也享受到了比贷款更低的成本（孟琳，2010）。

二、票据市场服务中小微企业的机制

中小微企业在生产经营中广泛开展商品贸易并产生相应的支付融资需求，如采购原料需要支付货款，销售产品会得到回款，运营资金紧张需要短期融资，等等。票据兼具支付和融资功能，能够植根商品贸易、嵌入生产经营，成为金融服务中小微企业的重要工具，全面电子化后顺应了数字经济发展需要，作用更加彰显。

（一）出票付款、收票回款促进达成贸易

1. 中小微企业贸易延期付款、按期回款需求强烈。对于企业而言，无论是生产资料的购买，还是产品或服务的销售，都会产生资金的流入和流出。由于流入和流出往往不在同一时间段，企业会出现账面资金的波动，就意味着会出现资金短期的余缺。相较于大型企业，中小微企业一般资产规模较小，生产经营稳定性较差，运营资金的余缺更具波段性，对于采购时延期付款、销售时按期回款的需求更加强烈，因此选择合适的贸易结算方式尤为重要。

2. 票据是中小微企业常用的贸易结算方式。中小微企业生产经营中常用的非现金结算方式包括票据、信用证、应收账款等。票据结算是买卖双方完成交易后通过商业汇票进行结算，商业汇票载明还款日期，是远期支付工具，近年来业务处理已全面实现电子化，其中银行承兑汇票（以下简称银票）和商业承兑汇票（以下简称商票），分别代表银行信用和商业信用。信用证结算是买卖双方通过银行开立信用证，待卖方按照要求交付相应单据后，由开证银行进行承兑或承付的结算方式，由于经银行承兑（付），属于银行信用，兑付有保

障，目前业务处理电子化（电证系统）推进中。应收账款是挂账信用，是买卖双方在交易完成后，以合同形式约定还款账期或者签发凭证记载金额和还款日期等信息，对于卖方而言是应收账款，对于买方而言是应付账款（为简便起见，本文统称为应收账款）。应收账款实质是一种资产权利，可以通过合同约定而没有具体形态，近年来快速发展的具有具体形态的应收账款电子凭证是模仿票据的记载凭证。问卷调查显示，在日常贸易付款和收款过程中，中小微企业使用的非现金结算方式占比由大到小排序为票据、应收账款和信用证。

3.票据更契合中小微企业贸易收付款需求。在市场经济中，赊销贸易下的延期收付款是常态，对于中小微企业也是如此。在延期收付款结算方式中，票据有最规范化的形式，且在账期安排、回款确定性、易接受度、使用便利性等方面都具有优势。一是权利法定。相较于信用证、应收账款，票据是《票据法》法定的文义证券，权利有专门法律保障，使用更加规范。二是账期固定。票据上载明了付款日期，把无期限的挂账（应收账款）转为约期清偿，把无形的商业信用变为有形的商业信用，增强了还款的确定性。三是有利于债权保护。与其他方式相比，票据具有无因性，债权债务关系和基础合同关系分离，债务人负有到期无条件付款的责任，不能因对基础合同关系异议拒绝付款。四是具有更强的市场约束。票据到期无条件付款的特性降低了"挂账信用"中应收账款无限期拖欠的风险，如承兑人到期不能兑付，不但要处以罚金，信誉也会受到损害，2021年票据信息披露制度实施以来进一步强化了相关市场约束。五是出票收票流程便利。全面电子化后票据产品创新活跃，线上承兑应用增多，"票付通"、供应链票据等陆续推出，中小微企业可以通过网上银行或供应链平台等线上渠道便捷地签发、承兑、签收票据并直接应用于业务场景，相关信息均完整、准确地记载在票交所系统中，操作、管理便利。

从贸易非现金结算方式的选择意愿来看，问卷调查显示，在付款时，中小微企业选择意愿最高的是银票，愿意度（表示愿意和很愿意的占比）为66.61%，其次是应收账款愿意度为43.93%，最后是信用证愿意度为22.32%；在收款时，中小微企业接受银票的意愿也是最高的，愿意度为63.7%，其次是应收账款的29.76%，最后是信用证的21.78%。同时，49%的中小微企业表示，接收票据能获得商业优惠，比如更高的结算价格、更多的订单等。

（二）签发、转让票据节约资金使用

1. 中小微企业更需节约经营资金，票据运用正合需要。中小微企业的一大特点是资本规模小、货币资产（现金）少，在生产经营过程中，更需节约使用资金。由于票据是广泛应用的结算工具，中小微企业可以通过签发新票据、背书转让持有的票据对外支付，助力节约目标的达成。一方面，中小微企业可以通过缴纳一定比例的保证金，在银行授信额度内签发银票，获得签发银票金额与缴纳保证金金额之间差额的一笔银行信用支持；另一方面，中小微企业也可以向商品贸易的卖方直接签发商票，或将持有的银票、商票背书转让以支付货款，节省经营资金的使用。

2. 票据签发转让支付独具优势、日趋便利。作为商业信用的高级形态，与信用证、应收账款等相比，票据具有的要式性、文义性、无因性等保障善意持票人权利的安排，加上票据市场基础设施的建设完备，签发转让支付有优势、更便利。

一是具有法律基础保障。《票据法》以法律形式强调票据的无因性，使票据的流通取决于票据本身的合法有效，而不受产生票据关系的基础原因关系是否成立的影响。因此，中小微企业能够方便地签发、背书转让票据用以抵销对他人的应付款项，后手还可同样将有关票据继续背书转让。相比较而言，应收账款等一般债权的转让遵从《合同法》规定，转让过程不标准，必须通过债权出让人与受让人之间签订书面的债权转让协议来进行，且事先必须得到原始债务人的同意，还可能受到债权出让人与原始债务人因基础合同关系产生的抗辩因素影响。而国内信用证根据《国内信用证结算办法》属于"有条件的付款承诺"，且最多只能转让一次，支付功能较弱。

二是具有良好的基础设施支撑。目前，票据市场已经全面电子化，基础设施已建成全国统一的票据登记流转平台，通过中心化的系统网络将所有参与票据业务的节点连接起来，具有很强的统一性和开放性，为企业提供了安全高效的支付渠道。任何一家需要签发、背书转让票据的中小微企业，都可以便捷地通过网上银行或供应链平台出票或将手中持有的票据通过系统转让给其他企业，不受地域区域限制，不局限于单一产业链，签发转让十分便利。

（三）贴现票据有效满足短期融资需求

1. 中小微企业融资需求短、小、频、急。从国内外经验来看，中小微企业融资需求具有"短、小、频、急"的特征。一是期限短，融资目的多是满足短期资金周转需要；二是金额小，因中小微企业生产经营规模有限，需要的资金量少；三是频率高，经常产生临时性、季节性的资金需求；四是需求急，因商业机会对中小微企业来说稍纵即逝，对融资的时效要求高。

2. 中小微企业融资渠道有限、融资需求难满足。企业外部融资可以分为股权融资和债权融资。其中，债权融资主要包括债券融资、银行贷款、应收账款保理、信用证福费廷和票据贴现等。对于股权融资和债券融资来说，准入门槛高、单次金额大，有着严格的发行标准和复杂的发行程序，需要聘请专业的金融中介辅助，周期长、成本高，主要满足资质较好的大型企业需要，无法覆盖到中小微企业。对于银行贷款来说，由于中小微企业财务信息不够标准和透明，通常缺少用于抵押的资产，银行难以准确评价其经营状况和资质、信用，银企之间信息不对称广泛存在，容易引起逆向选择和道德风险问题，故而总是产生信贷配给，贷款资金不易投向中小微企业。同时，银行贷款一般审批流程较长，短则几天、长则数月，对不熟悉的中小微企业往往需要调查和审阅更多资料，效率很难提升。对于应收账款保理来说，通常银行对债务人的资信要求高，门槛较高，且因为相关债权债务关系记载在基础合同中，存在债权多次转让的可能性，为控制还款风险，一般需要线下调查、应收账款确权、物权登记等多个环节，流程长，融资效率较低。对于信用证福费廷来说，主要基于银行信用发放融资，门槛不高，但受限于流程相对烦琐、材料要求多、电子化程度不高等原因，融资效率也较低。这都造成了中小微企业融资需求难以得到满足。

3. 票据贴现契合中小微企业融资需求。票据贴现门槛低、效率高、手续便捷、到款快，与中小微企业融资需求十分匹配。从门槛来看，票据的信用叠加特性有效弥补了中小微企业信用的不足，通过承兑或背书，票据叠加了银行信用或高等级的企业信用，中小微企业申请票据贴现时，只需票据承兑人或背书人或自身在贴现行有授信额度即可，金额大小根据票面而定，十分灵活；从效率来看，票据的文义性使债权债务关系在票面上即已明确，银行办理贴现业务时有法律上清晰的债务人，可以大幅减少调查确权登记等烦琐程序；从办理手续和到账时间来看，近年来主要票据经营机构都推出了线上贴现产品，中小微企业在事先一次性签署有关产品协议后，通过网上银行足不出户、一键操作，即可实现贴现资金最快秒级到账，且工作日、节假日皆可办理；从融资费用来看，票据贴现仅需支付贴现利息，贴现利率一般低于同期限的银行贷款利率。问卷调查也显示，银票贴现是中小微企业最容易获得的融资方式，容易度（表示比较容易和很容易获得的占比）为67.33%，银行贷款的容易度为50.27%，股权融资容易度为12.53%，债券融资容易度为11.07%。

（四）从票据交易及再贴现中获得更多支持

1. 票据交易促进票据贴现业务等更好发展。票据经企业向金融机构贴现后，就进入银行间市场交易，即票据市场的二级市场。银行间市场参与者通过开展转贴现、回购等票据交易来经营票据资产，有利于自身资产管理，同时为票据贴现带来丰富的资金来源，反过来推动票据贴现等一级市场更好发展，进一步提升中小微企业的贴现融资体验。如果缺乏资金、缺少信贷规模，金融机构可以通过转贴现业务将贴现票据资产转让给有资金、有规模的同业机构，重新获得资金和规模，进而继续开展贴现业务，及时满足客户融资需要；或者在仅缺乏资金的情况下，通过回购业务获得同业融资，进而实现贴现业务的持续开展。同时，低成本的同业融资也有助于推动贴现融资价格的下降，助力中小微企业降本增效。

2.票据再贴现精准扶持中小微企业等薄弱环节。票据再贴现是中央银行传统的三大货币政策工具之一，能够有效发挥货币政策的总量和结构功能，助力中小微企业发展。在总量上，人民银行可以通过调整再贴现数量和利率，影响金融机构的可用资金量和资金成本，激励金融机构对票据进行贴现，间接促进票据贴现市场的发展以及贴现利率的降低。在结构上，人民银行可以通过对再贴现票据的选择，引导金融机构将贴现资金投向中小微企业，促进信贷结构调整；还可以要求金融机构对中小微企业签发或贴现的票据设定较低的贴现利率，进一步优化贴现资源配置，加大对中小微企业的扶持力度。

三、票据市场服务中小微企业的主要成效

票据市场通过出票、背书转让、贴现、转贴现和再贴现等业务环节服务中小微企业的支付结算和融资，近年来各项业务规模不断扩大，支付和融资便利度不断提升，融资成本显著低于贷款且持续降低，有效推动中小微企业高质量发展。

（一）中小微企业用票家数大幅增加、规模持续增长，支付便利度不断提升

近年来，票据市场用票企业数量持续增多、金额不断扩大，中小微企业占据绝对比重。2018—2021年及2022年1—5月，企业用票家数分别达到192.8万家、243.3万家、270.6万家、318.9万家和237.9万家；用票金额达到68万亿元、79.3万亿元、82.7万亿元、95.7万亿元和44.6万亿元。其中，中小微企业

家数达到189.49万家、239.91万家、266.96万家、314.73万家和234.49万家，平均占比为98.57%；中小微企业用票金额达到51.72万亿元、59.64万亿元、61.04万亿元、69.12万亿元和32.33万亿元，平均占比为73.95%（见图1、图2）。票据的使用高效厘清了企业间的债权债务关系，有力整治了企业间因口头信用或挂账信用等不规范的结算方式带来的"三角债"乱象，强化了商业信用约束和债务监督机制，加强了债权保护，规范了商品交易和结算秩序，有效提高了中小微企业的运营效率。

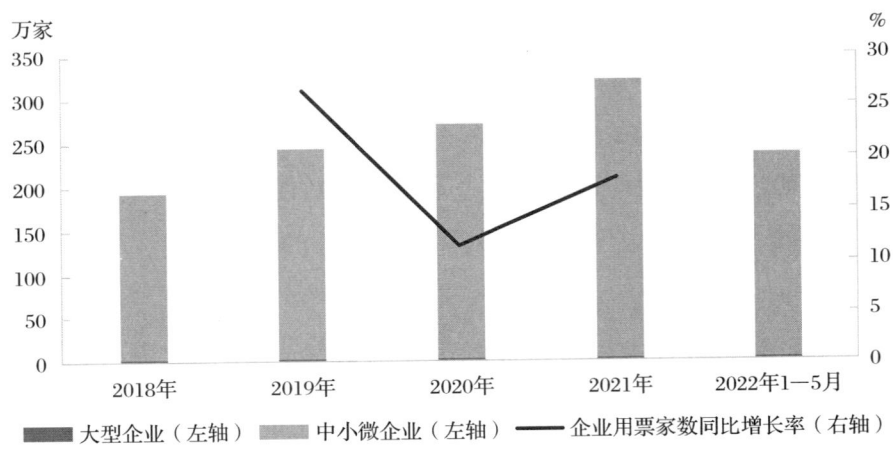

图1　2018年至2022年（1—5月）中小微用票企业数量情况

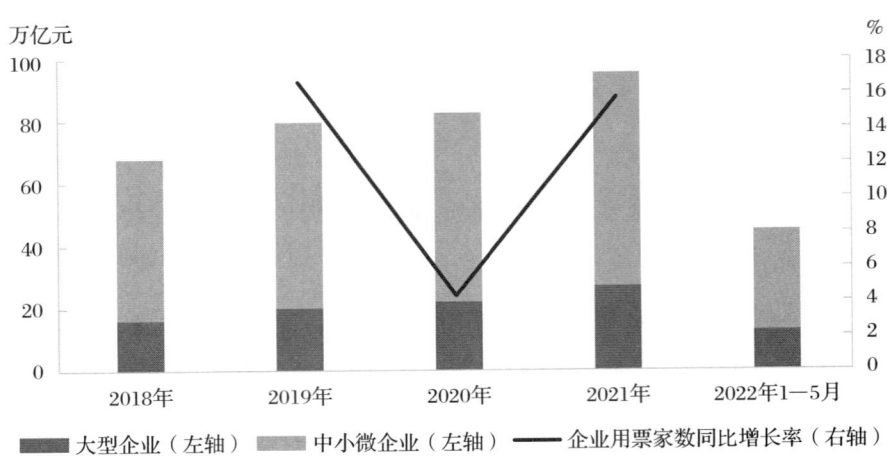

图2　2018年至2022年（1—5月）中小微企业用票金额情况

票据电子化全面提高了中小微企业支付便利度。2016年人民银行发布《关于规范和促进电子商业汇票业务发展的通知》(银发〔2016〕224号),加快推进票据市场电子化进程。电子票据出票规模占比由2015年的28.4%快速提升至2019年的99%,票据市场全面实现电子化。票据的电子化大大提高了票据业务的办理效率,便利了票据支付流转,消除了纸票的邮递、查询、保管等产生的费用,降低了中小微企业生产经营活动的交易成本。2019—2021年,全市场单张电子票据月平均背书次数分别达到3.0次、2.9次和3.0次。

票据业务创新有效提升了中小微企业支付便利度。在人民银行指导下,2019年1月,票交所推出创新产品"票付通",将票据支付嵌入线上购销流程,便利了中小微企业的B2B支付。截至2022年3月末,累计11家合作金融机构、168家电票接入机构、43家B2B平台以及3545户平台企业参与"票付通"业务,支付金额合计688亿元。其中,服务中小微企业2554家,占比为72.05%,覆盖制造业、批发和零售业、科学研究和技术服务业、电力业等多个行业,制造业占比最高,达到44.03%。2020年4月,票交所上线供应链票据平台,增加供应链平台作为票据新的签发渠道,覆盖到供应链上下游更多的中小微企业。截至2022年5月末,累计接入13家供应链平台,共有4179家企业登记注册,其中小微企业占比超过60%,业务总量1504.77亿元。银行也纷纷推出票据支付创新产品,比如开发网银出票流程自动化服务,从实际业务场景出发,将出票操作后续的提示承兑、出票交付等环节通过系统自动化处理,进一步提高了中小微企业使用票据开展贸易的便利度。

(二)中小微企业票据签发和转让规模显著扩大,减少了大量的资金使用

签发票据具备信用支付功能,使中小微企业得到融信支持,缓解了其短期营运资金匮乏的困难。2018—2021年及2022年1—5月,中小微企业签发银票金额分别达到10.83万亿元、11.79万亿元、12.53万亿元、13.43万亿元和6.74万亿元,市场占比分别为68.9%、67.9%、67.8%、66.0%和66.18%(见图3)。据

调查，银票保证金缴纳的平均比例为30%~50%。按较高的50%比例匡算，扣除保证金后，银行通过承兑业务为中小微企业提供了约5.42万亿元、5.89万亿元、6.26万亿元、6.71万亿元和3.37万亿元的信用支持。同期，中小微企业签发商票金额分别达到1.58万亿元、1.91万亿元、2.21万亿元、2.24万亿元和0.83万亿元，市场占比分别为61.8%、63.3%、61.0%、59.1%和61.6%。上述两项合计，中小微企业通过银票和商票的签发，2018年至2022年5月共计减少了36.43万亿元的资金使用。

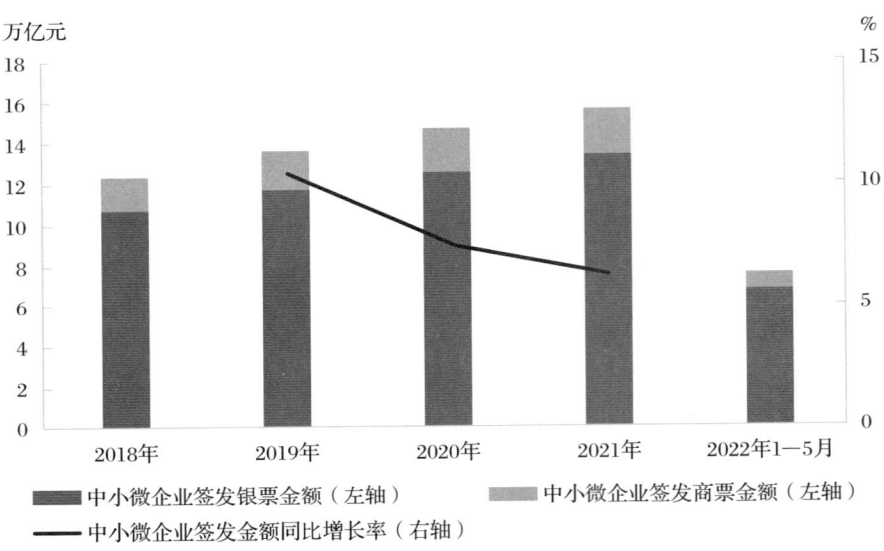

图3 2018年至2022年（1—5月）中小微企业银票、商票签发情况

票据的背书转让盘活了中小微企业的短期资产，同样减少了中小微企业的资金使用。2018—2021年及2022年1—5月，中小微企业票据背书金额分别达到31.33万亿元、36.26万亿元、35.97万亿元、42.31万亿元和18.49万亿元。其中，银票背书分别为30.22万亿元、34.82万亿元、34.00万亿元、40.15万亿元和17.86万亿元；商票背书分别为1.11万亿元、1.45万亿元、1.97万亿元、2.15万亿元和0.63万亿元。合并计算，2018年至2022年5月，票据背书转让为中小微企业减少了164.36万亿元的资金使用（见图4）。

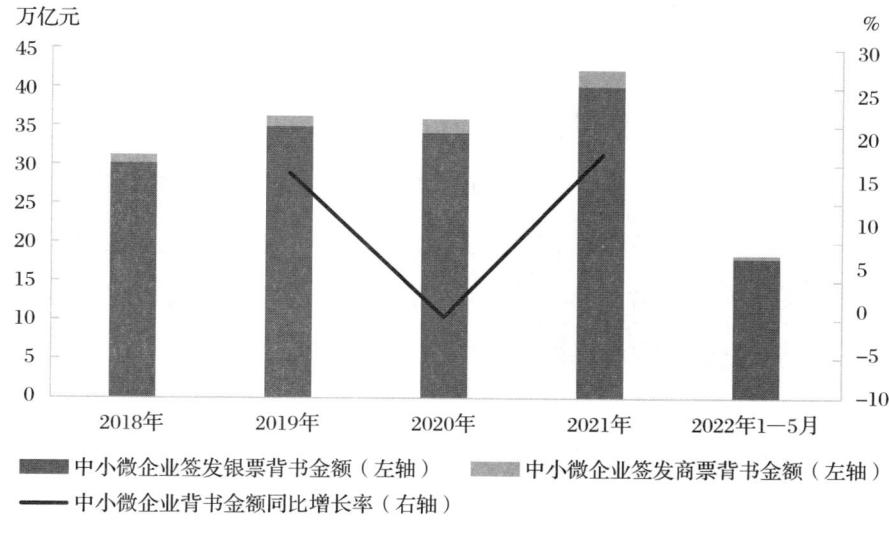

图4　2018年至2022年（1—5月）中小微企业票据背书转让情况

（三）中小微企业票据贴现融资效率不断提升，规模明显增长

1.中小微企业贴现渠道有效拓宽。2019年5月，在人民银行指导下，票交所推出了票据融资创新产品"贴现通"，整合全国贴现机构资源，将中小微企业贴现选择面由合作银行拓展至全市场机构，打破供需间、机构间、区域间信息壁垒，切实缓解"三小一短"票据贴现难问题。截至2022年5月末，贴现通参与企业中，中小微企业15277家，占比为92.03%；贴现票据平均金额247.41万元，100万元以下的小额票据4.5万张，精准提升了中小微企业融资的便捷性。同时，票据经营机构在票据电子化的基础上，也纷纷推出了银票秒贴、商票闪贴等服务，将放款时长从普遍半天缩短到秒级，大幅提升了票据贴现的便捷性。

2.贴现融资总量规模大幅增长。2018—2021年，票据市场贴现融资额由9.94万亿元增加到15.02万亿元，年均增长14.7%；中小微企业贴现融资额由7.98万亿元增加到11.13万亿元，年均增长11.7%；票据承兑贴现比（简称承贴比）从54.41%上升至62.17%。2018—2021年，票据贴现余额由6.68万亿元增加到9.88万亿元，占同期企业人民币短期贷款余额的比重由23.72%增长到30.03%，是企业短期融资的重要渠道。2022年1—5月，票据市场贴现融资额为8.41万亿元，其中中小微企业贴现6.28万亿元。

3. 获得贴现融资的企业数量持续增加。2018—2021年，获得贴现融资的企业由18.94万家增加到36.67万家，年均增长24.64%；中小微企业由18.38万家增加到35.82万家，占比从97.05%上升至97.69%。2022年1—5月，获得贴现融资的企业数为21.35万家，其中中小微企业20.76万家（见图5）。

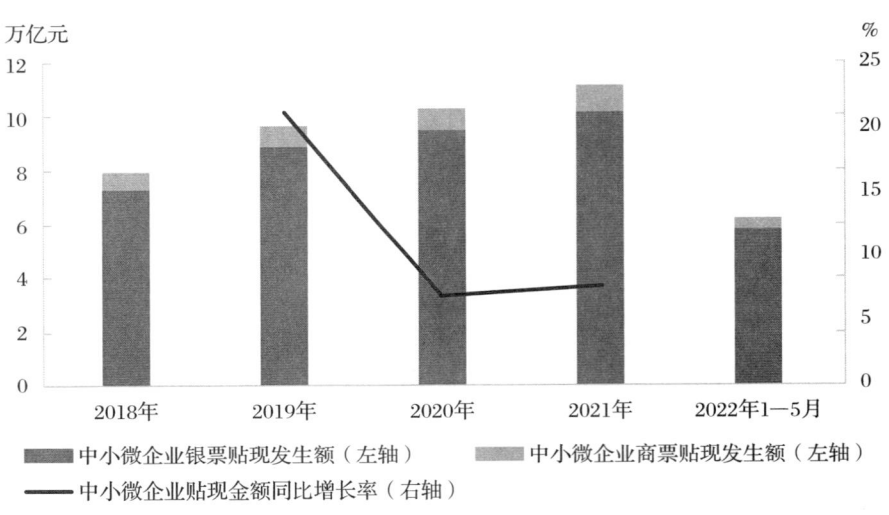

图5　2018年至2022年（1—5月）中小微企业票据贴现情况

（四）票据融资利率显著低于贷款利率，有效降低了中小微企业的融资成本

票据通过承兑获得银行或高等级企业信用增信，通过多次流转获得信用叠加，加之具有活跃的二级交易市场，以及再贴现的定向支持，使中小微企业获得了较低的融资成本。

1. 票据贴现向中小微企业提供了低利率的资金。2018—2021年及2022年

1—5月，全市场贴现加权平均利率分别为4.60%、3.44%、2.98%、2.85%和2.24%，均显著低于一般贷款利率（见图6）。其中，银票贴现利率分别为4.47%、3.32%、2.86%、2.73%和2.12%，商票贴现利率为5.84%、5.05%、4.40%、4.20%和3.89%；中小微企业贴现利率为4.64%、3.49%、3.00%、2.91%和2.30%。在贴现利率持续下行的情况下，与一般贷款利率之间的利差还在扩大，切实降低了中小微企业财务负担。

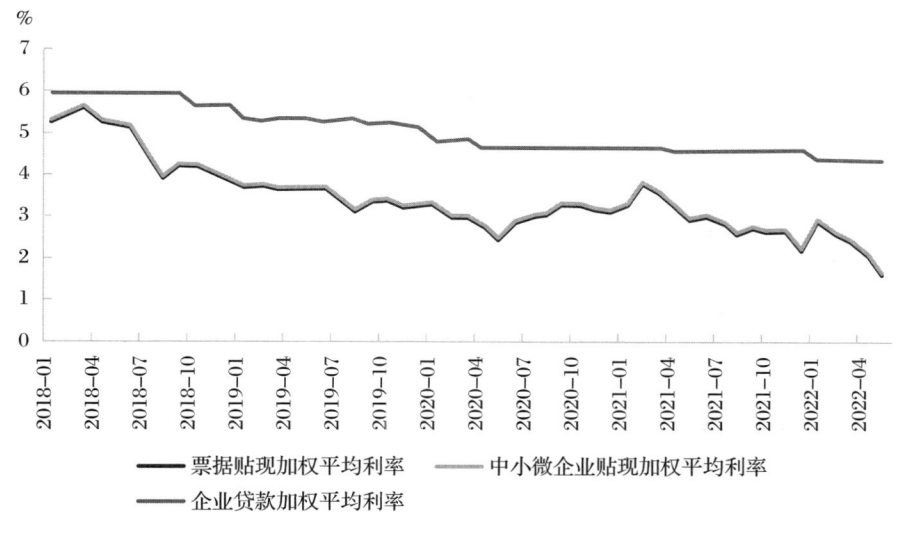

图6　2018—2022年各月票据贴现利率与企业贷款利率

2. 票据交易引入银行间市场资金助力贴现利率走低。2018—2021年及2022年1—5月，票据市场转贴现发生额分别为34.63万亿元、38.82万亿元、44.11万亿元、46.94万亿元和26.35万亿元（见图7）。转贴现加权平均利率为4.42%、3.31%、2.71%、2.62%和2.01%，分别较贴现加权平均利率低18个、13个、27个、23个和23个基点（见图8）。银行间市场的低利率资金通过票据交易引入票据贴现市场，推动票据贴现利率走低，更好满足中小微企业低成本融资需求。

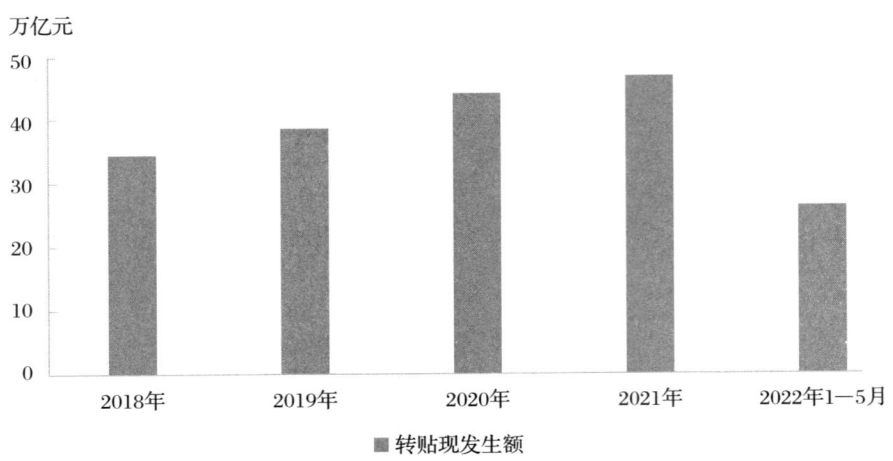

图7　2018—2022年票据转贴现情况

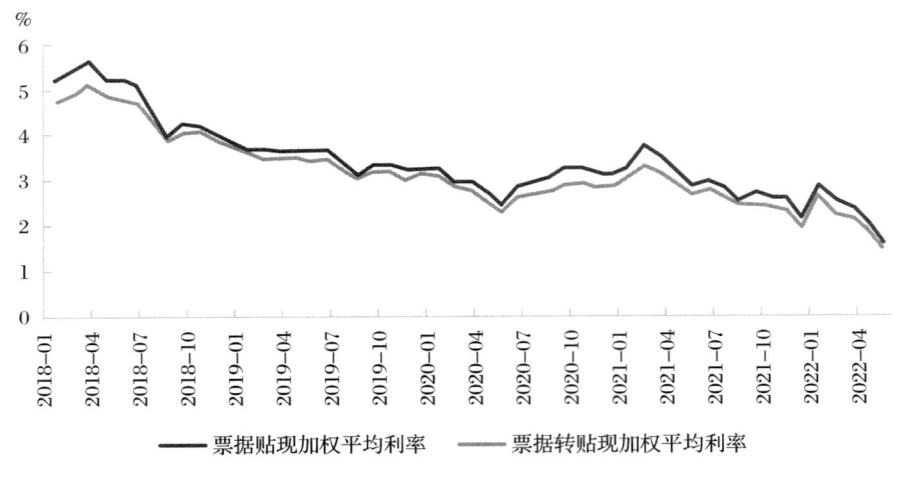

图8　2018—2022年票据贴现与转贴现加权平均利率情况

3. 票据再贴现定向精准降低中小微企业融资成本。2018年以来，再贴现支持力度不断增强，引导贴现利率持续下行。2018—2021年及2022年1—5月，再贴现发生额分别为0.70万亿元、1.19万亿元、1.45万亿元、1.68万亿元和0.71万亿元，再贴现资金投向小微企业占比分别为65.24%、64.61%、61.82%、60.36%和56.99%，再贴现余额分别为0.33万亿元、0.47万亿元、0.58万亿元、0.59万亿元和0.60万亿元（见图9、图10）。再贴现以优惠利率向量大面广的中小微企业提供贴现支持，定向精准滴灌了中小微企业。

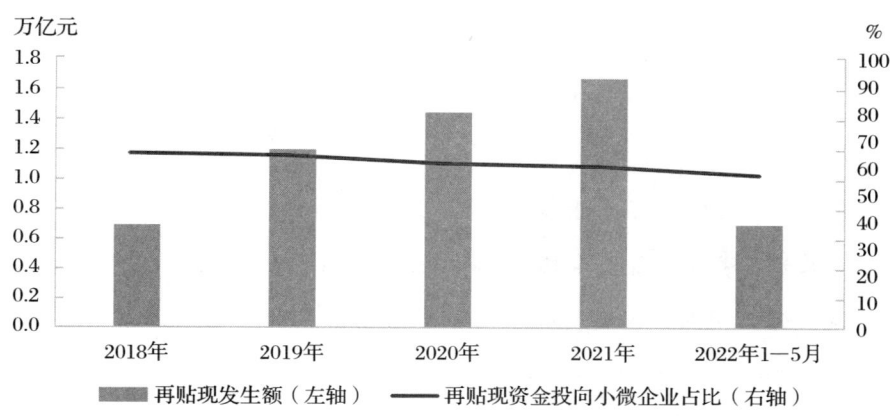

图9　2018—2022年票据再贴现资金投向小微企业情况

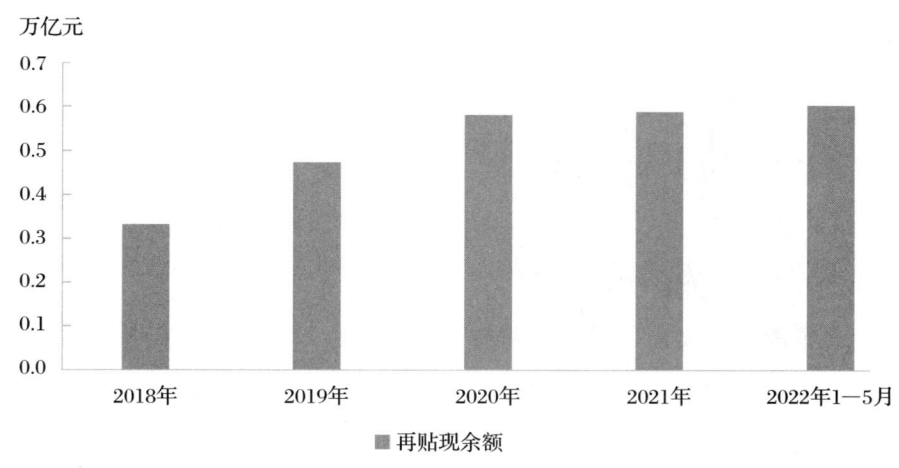

图10　2018—2022年票据再贴现余额情况

课题组组长：宋汉光

副　组　长：孔　燕

成　　　员：颜永嘉　沈艳兵　姚　望　李智康

参考文献

[1] 宋汉光,郝亚娟,张荣旺.发挥票据功能 赋能中小微企业融资[J].中国中小企业,2021(12):29-31.

[2] 陈敏,方意.我国票据市场收益率溢出效应的跨时空特征及其驱动因素研究:基于LASSO-VAR模型[J].暨南学报(哲学社会科学版),2020,42(11):116-132.

[3] 孔燕.协同推动应收账款票据化[J].中国金融,2020(6):48-50.

[4] 宋汉光.建设高效安全的票据市场[J].中国金融,2019(19):88-89.

[5] 吴京辉,胡兰.区块链技术助推中小企业票据融资的法律完善[J].江西社会科学,2019,39(12):158-168.

[6] 孔燕.拓展票据融资功能 服务民营小微企业[J].清华金融评论,2019(4):57-62.

[7] 汤莹玮.信用制度变迁下的票据市场功能演进与中小企业融资模式选择[J].金融研究,2018(5):37-46.

[8] 张荣芳,罗曼.论我国"民间"票据融资行为及其规制[J].福建论坛(人文社会科学版),2018(5):36-43.

[9] 陈卫东,曾一村,付萱.票据与同业存单、短期融资券价格的驱动因子及相关性分析[J].上海金融,2017(7):68-74.

[10] 赵慈拉.用票据破解融资难题[J].中国金融,2016(23):74-75.

[11] 邓伟伟.跨境电子商业汇票业务发展能力和环境影响分析[J].上海金融,2016(3):84-87.

[12] 周荣芳,闫晓梅,颜永嘉.互联网金融背景下规范与发展票据市场的思考[J].上海金融,2015(1):99-102.

[13] 曾一村,汪武超.我国商业银行票据业务竞争战略选择[J].上海金融,2014(12):63-66,58.

[14] 黄茉莉,陈文成.我国票据融资市场存在的问题、原因与解决建议[J].

上海金融,2013(6):88-91,119.

[15] 王景武. 运用再贴现工具支持实体经济[J]. 中国金融,2013(5):68-70.

[16] 王红霞,曾一村,吴晓均. 有序推进规范化融资性票据市场建设的实施路径[J]. 上海金融,2013(3):91-95,118.

[17] 陈珊,肖宗乾. 商业银行票据业务特征及影响[J]. 中国金融,2012(5):82-84.

[18] 盛朝晖. 近年来我国票据融资变化特点、原因及影响[J]. 中国金融,2010(12):67-68.

[19] 颜永嘉. 我国商业汇票转贴现市场的发展状况、影响及建议[J]. 上海金融,2010(7):81-84.

[20] 孟琳. 票据融资泡沫及其对货币政策的影响[J]. 生产力研究,2010(3):76-78.

[21] 易纲. 中国金融改革思考录[M]. 北京:商务印书馆,2009.

[22] 张德银. 当前我国商业银行票据贴现业务快速增长研究[J]. 金融论坛,2009,14(6):13-19.

[23] 殷仲民,张博. 我国票据市场交易机制浅析[J]. 生产力研究,2006(2):73-75,108.

[24] 贾玉革. 论票据融资的竞争效应[J]. 中央财经大学学报,2005(12):21-25.

[25] 北京大学中国经济研究中心宏观组. 规范发展票据市场至关重要[J]. 金融研究,2003(3):26-35.

[26] 阙方平,朱华. 金融创新:中国票据市场有序发展的必由路径[J]. 财贸经济,2003(2):20-25,95.

[27] 秦池江. 论票据融资的经济功能与市场地位[J]. 金融研究,2002(1):93-100.

[28] 孙向忠,郑筱玮. 我国企业票据融资现状及发展对策[J]. 宏观经济研

究,2001(4):51-55.

[29] 戴小平.关于发展我国票据市场若干问题的思考[J].财贸经济,2000(11):57-59.

[30] 李东荣,边维刚.中国票据市场发展阶段评价及其矛盾分析[J].金融研究,2000(8):54-61.

[31] 许崇正.关于发展我国商业票据市场的几个问题[J].财经问题研究,1999(3):56-58.

[32] 苏杰.发展我国票据市场的现实意义及对策建议[J].国际经贸研究,1998,7(1):64-67.

市场研究

转型金融框架呼之欲出

鲁政委　钱立华　熊程程　方　琦[①]

[摘　要]　高碳行业低碳转型是应对气候变化的关键领域。"双碳"目标下，转型金融成为绿色金融的重要补充，为高碳行业大规模的转型融资需求提供了新选择。当前，全球对于转型金融的关注度不断提高，转型金融框架与标准呼之欲出，转型金融信贷工具与债券工具的探索有序推进。本文对转型金融的概念与内涵、政策与标准、市场实践等进行了全面梳理。

[关键词]　转型金融

一、从绿色金融到转型金融

高碳行业低碳转型是应对气候变化的关键领域。据世界资源研究所（WRI）开发的Climate Watch平台发布的数据，2018年全球温室气体排放总量近490亿吨（二氧化碳当量，下同），其中，在能源使用和工业生产过程产生的温室气体排放量最大，占比分别为76.1%和5.9%。在能源使用产生的温室气体排放中，

---

① 鲁政委，兴业银行首席经济学家、华福证券首席经济学家；钱立华，兴业经济研究咨询股份有限公司首席绿色金融分析师；熊程程，兴业经济研究咨询股份有限公司高级分析师；方琦，兴业经济研究咨询股份有限公司分析师。

电力和热力部门、交通部门、制造业部门/建筑部门用能产生的排放量最大，分别占能源温室气体排放的41.9%、22.2%和16.5%。我国的情况更是如此（见图1），2020年，电力（包括热电联产供热）、钢铁、水泥、铝冶炼、石化化工、煤化工等重点行业及交通、建筑领域（以下简称高碳行业）碳排放合计占我国总排放量的90%以上（包含能源使用和工业生产过程排放）。高碳行业的有序低碳转型是我国"双碳"目标实现的重点和难点（严刚等，2022）。

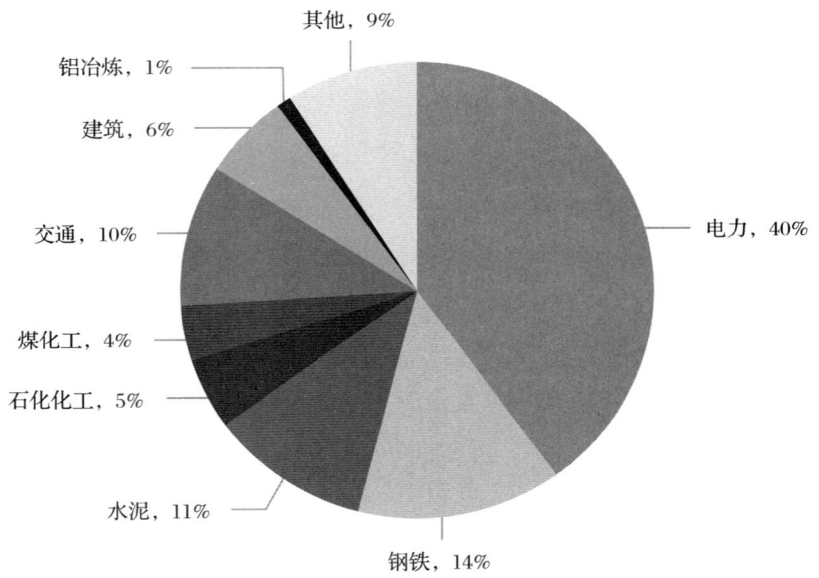

图1　2020年我国各行业和部门温室气体排放分布

（资料来源：生态环境部环境规划院，兴业研究）

"双碳"目标下，转型金融成为绿色金融的重要补充，为高碳行业大规模融资提供了新选择。转型金融的概念是在全球气候治理背景下基于高碳行业低碳转型的需求提出的。现有的绿色金融体系在支持范围上不能完全满足高碳行业转型的融资需求，绿色金融主要聚焦于绿色或近零排放的领域，而高碳行业的碳排放下降则需要一个循序渐进的过程，在短期内仍不可能达到近零碳或零碳。为满足高碳行业转型巨大的融资需求就需要在绿色金融支持范围和边界上进行突破。转型金融主要聚焦于支持高碳行业按照全球或区域的气候目标和路径进行有序的转型，为高碳企业低碳转型融资提供了新选择。

二、转型金融框架呼之欲出

1. 概念和内涵：主要聚焦气候转型。关于转型金融，迄今为止国际上还没有一个非常严格的界定，转型金融的内涵仍在不断的演进和发展中，我国相关机构也基于"双碳"目标的要求积极探索转型金融的内涵。综合来看，转型金融是指，针对市场实体、经济活动和资产项目向低碳和零碳排放转型的金融支持，尤其是针对传统的碳密集和高环境影响项目、经济活动或市场主体。

在全球碳中和的背景之下，转型金融的概念日益聚焦于气候转型，国际资本市场协会（ICMA）、欧盟可持续金融平台、气候债券倡议组织（CBI）等国际组织，以及我国湖州市政府、上交所、交易商协会等陆续发布的转型金融相关标准与政策框架均在一定程度上诠释了转型金融的内涵，我们从目标、对象、范围三个方面对各类机构对于转型金融的定义进行了比较（见表1）。

表1 不同机构对于转型金融的定义

发布时间	来源	定义	对象
2020年9月	CBI，《为可信的绿色转型融资》	转型标签则适用于以下投资：为2030年碳排放减半及2050年净零排放目标作出重大贡献但非具有长期作用的；将发挥长期作用，但目前尚未拟定净零排放实施路径的	适用于所有实体及其所进行的一切经济活动
2020年12月	ICMA，《转型金融手册》	气候转型的概念主要侧重于发行人对于气候变化作出相关承诺和实践的可信度，气候转型融资是支持发行人实施其气候转型战略的融资方案。该战略应明确说明发行人计划如何调整其业务模式从而为向低碳经济转型作出积极贡献	发行人
2020年11月	香港绿色金融协会《气候转型融资指南》[1]	转型金融支持的对象包括技术和活动，虽然在实现脱碳、净零方面存在不足，但能够产生比"一切照旧"情形下更低的碳排放	技术和活动

[1] 资料来源：香港绿色金融协会. 中国和香港特别行政区气候转型融资[R]. 2020.

续表

发布时间	来源	定义	对象
2021年3月	欧盟委员会《转型金融报告》	转型金融应支持气候中和目标实现且与1.5℃目标所要求的路径相符的经济活动	主要指经济活动，而不对实体的转型进行界定
2021年3月	中国人民银行金融研究所所长周诚君在"碳中和2060"论坛的发言①	转型金融是指针对市场实体、经济活动和资产项目向低碳和零碳排放转型的金融支持，尤其是针对传统的碳密集和高环境影响项目、经济活动或市场主体	市场主体、经济活动和资产项目
2021年5月	日本金融服务署、经济贸易工业部和环境部，《气候转型金融基本指南》②	在难减排部门，为应对气候变化和实现零碳社会目标，进行的有助于中长期、战略性温室气体减排的融资	公司/发行人
2022年1月	湖州，《深化建设绿色金融改革创新试验区探索构建低碳转型金融体系的实施意见》③	为应对气候变化影响，以完善绿色金融体系、支持高碳企业向低碳转型为主要目标，基于明确的动态技术路径标准，运营多样化金融工具为市场实体、经济活动和资产项目，尤其是传统的碳密集和高环境风险市场主体、经济活动和资产项目，向低碳和零碳排放转型提供的金融服务	市场实体、经济活动和资产项目
2022年6月	上海证券交易所，《上海证券交易所公司债券发行上市审核规则适用指引第2号——特定品种公司债券》进行了修订	低碳转型公司债券是指募集资金用于推动企业绿色低碳转型的公司债券，募集资金用途应符合国家低碳转型相关发展规划或政策文件及国家产业政策要求，明确了5大低碳转型领域和4类投放方式	项目和经济活动
2022年6月	交易商协会，《关于开展转型债券相关创新试点的通知》	转型债券是指为支持改善环境和应对气候变化，募集资金专项用于低碳转型领域的债务融资工具。发行转型债券应满足四项核心要求，包括符合要求的募集资金用途、转型信息披露、第三方评估认证和募集资金管理等	项目和经济活动

资料来源：兴业研究根据公开材料整理。

2. 政策与标准：转型金融框架呼之欲出。全球对于转型金融的关注度不断提高。在政策方面，2022年的G20财长会议强调了发展转型金融支持有序绿色转型，并将转型金融框架的制定列为G20可持续金融工作组本年度重点任务，

---
① 资料来源：周诚君在"碳中和2060"论坛的发言，《大力推动转型金融发展 更好支持"30·60"目标》，（2021年3月）[2022/05/28]，https://finance.sina.cn/zl/2021-03-25/zl-ikknscsk1443601.d.html?vt=4&cid=79615&node_id=79615.
② 资料来源：日本金融服务局，经济、贸易和工业部和环境部.气候转型融资基本指南[P].2021年5月.
③ 资料来源：湖州市人民政府.湖州市人民政府办公室关于深化建设绿色金融改革试验区探索构建低碳转型金融体系的实施意见[P].2022年1月.

预计将在10月推出。除G20外，欧盟、英国等一些国家和地区的转型金融的政策和制度也在制定中。我国也在积极推进转型金融政策和制度建设，2022年4月，人民银行召开研究工作会议，提出要深入研究转型金融，推动转型金融与绿色金融的有效衔接，形成具有可操作性的政策举措，为未来一段时间转型金融监管政策的研究和制定指明了方向[①]；在地方层面，以湖州为代表的绿色金融改革试验区也率先开展了转型金融政策探索。

在标准方面，转型金融标准是市场发展的基础，转型金融标准制定的目的是界定和规范转型金融的活动。转型金融标准主要包括两个层面的内容，一是转型金融的原则界定，二是转型金融的分类目录和技术要求。前者为整个转型金融的实施及转型金融分类目录和技术要求的制定提供指导和依据，后者则用于指导具体的实施。从全球来看，转型金融标准制定加速，ICMA、CBI等较早开始了转型金融标准的探索，欧盟的《可持续金融标准方案》实际上是一个涵盖了转型金融的综合性标准，基于这三个目前得到广泛认可的转型金融标准，G20可持续金融工作组已将转型金融标准的制定作为2022年的重点任务，虽然目前转型金融标准还未出台，但已有了一些初步性的原则。我国也高度重视转型金融标准体系建设，多层次的转型金融标准体系建设在加速推进中，与绿色金融标准的衔接机制是重点。

三、转型金融实践：急需多元化的产品和工具创新

在政策和标准不断完善的同时，转型金融市场实践也逐渐开展，在转型金融信贷工具、债券工具和其他转型金融工具方面均开始起步。

转型金融信贷工具方面，可持续发展关联贷款起步，但还很少有贴标的

[①] 资料来源：人民银行召开2022年研究工作电视会议，人民银行官网，2022/4/7 [2022/7/12]，http://www.pbc.gov.cn/goutongjiaoliu/113456/113469/4526423/index.html。

转型贷款推出。可持续发展关联贷款是指借款人在整体可持续发展策略下制定具体的绩效指标，在贷款存续期内对指标进行跟踪，并将指标完成情况与贷款利率进行挂钩的金融产品。目前这类金融产品主要聚焦于高碳行业的低碳转型融资，因此被视为转型金融产品。贷款市场协会等于2019年3月联合发布的《可持续发展关联贷款原则》是目前最为广泛应用的可持续发展关联贷款界定标准，该标准于2021年5月进行了更新，更新后与ICMA的《可持续发展挂钩债券原则》也更加一致。从市场发展情况来看，基于转型融资的巨大需求，全球可持续发展关联贷款近年来发展较快。根据Refinitiv（Toole，2022）的统计，2021年全球新增的可持续发展关联贷款规模达到7170亿美元，相比2020年增加了300%。在我国，农业银行、邮储银行和兴业银行等机构也开展了可持续发展关联贷款的尝试。

"双碳"背景下，我国金融机构和贷款人已经开展了多笔可持续发展关联贷款的尝试，通过其灵活的价格机制和透明度管理要求，以有效支持传统的绿色金融标准下"不敢"支持的转型项目和活动，拓宽了企业融资渠道（见表2）。

表2 我国转型金融信贷工具案例

金融机构	融资概况	挂钩绩效指标与调整规则
法国巴黎银行	2022年5月，法国巴黎银行与蚂蚁集团签订了一笔可持续发展关联贷款	与绩效目标挂钩：蚂蚁集团承诺自2021年起实现碳中和（范围一、二），2030年实现净零排放（范围一、二、三）；蚂蚁集团可再生能源使用占比不低于总用能比例；确保集团在保护生物多样性及生态保护的公益资金投入不少于当年营业收入的约定比例
农业银行作为牵头行、大华银行和华侨永亨银行为参与行	2022年3月，上海临港集团可持续发展关联国际银团贷款，金额6亿元，期限三年	选定新增绿色建筑、科创企业孵化、清洁能源产业布局等作为可持续发展绩效指标
兴业银行	2021年10月，兴业银行向四川环龙新材料有限公司发放一笔2500万元的"碳足迹"关联贷款	若企业完成约定的碳减排目标，企业每年最多可降低25万元的融资成本
中国邮政储蓄银行	2021年11月，为晋能控股煤业集团发放3亿元可持续发展关联贷款	将第三个计息年度贷款利率与企业预设可持续发展绩效目标——新增建成智能化综采工作面指标完成度相挂钩，与企业绿色开采循环发展战略密切关联

资料来源：兴业研究通过公开资料整理。

转型金融债券工具方面，贴标的可持续挂钩债券和转型债券均可归为转型金融债券工具。在国际市场，根据气候债券倡议组织（CBI，2022）发布的数据，2021年，可持续发展挂钩债券发展迅猛，共发行277只，发行总额达到1188亿美元；2022年第一季度可持续挂钩债券发行规模达到240亿美元，占整个可持续债券（包含绿色债券、社会责任债券、可持续发展债券、可持续发展挂钩债券和转型债券）市场的11.9%，同时，增幅也达到2021年同期的100%。贴标的转型债券处于起步阶段，2021年发行13只，总发行金额为44亿美元（见图2）。

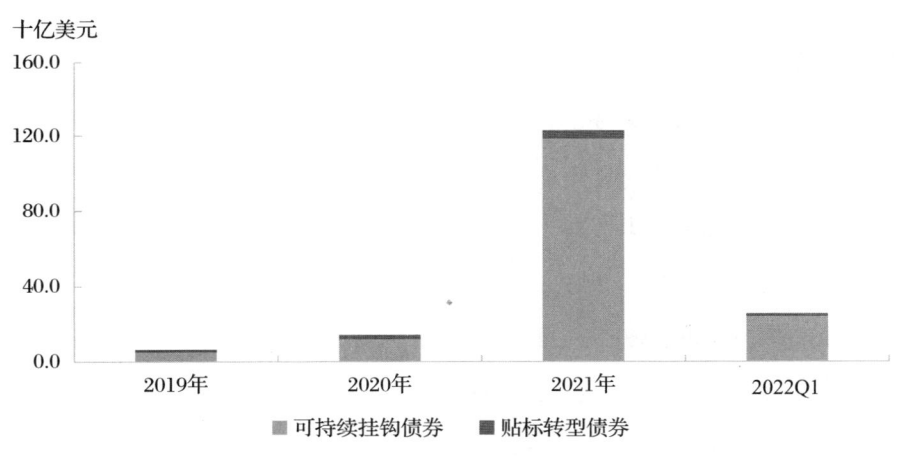

图2 全球转型金融债券工具市场情况

（资料来源：CBI，兴业研究）

我国于2021年推出可持续发展挂钩债券产品，该债券是指将债券条款与发行人可持续发展目标挂钩的债务融资工具，可用于公司一般用途。截至2021年末，共发行26只，发行总额约354.5亿元人民币。2022年6月，我国上交所推出低碳转型债券，银行间市场交易商协会推出贴标转型债券。同时，火电、钢铁等高碳企业开始尝试通过贴标可持续挂钩债券和转型融资工具为转型和脱碳项目融资。2022年5月，华能集团发行规模为20亿元的首单交易所首单低碳转型挂钩债券；同月，宝山钢铁发行规模为5亿元的低碳转型绿色债券。上述两单债券均进行了转型贴标,也都是在对应行业的转型政策提出后发行,所支持的投向与行业转型路径和目标保持一致。

除转型的信贷工具和债券工具外,全球在转型基金、转型保险、转型信托等多元化的工具方面也开展了广泛的尝试。

总的来看,"十四五"时期是我国低碳转型的重要窗口期和机遇期,各个行业转型融资需求将进一步逐步释放,对多元化的转型金融产品需求持续旺盛,急需在转型金融政策和标准体系构建的基础上,不断拓展转型金融工具创新实践,探索开发满足不同转型需求的多元化转型金融工具。

参考文献

[1] CBI. 2022年Q1全球可持续债券市场概览[R]. 气候债券倡议组织, 2022.

[2] 严刚, 郑逸璇, 王雪松, 等. 基于重点行业/领域的我国碳排放达峰路径研究[J]. 环境科学研究, 2022, 35(2):11.

[3] Climate Watch. Washington, D.C.: World Resources Institute. Available online at: https://www.climatewatchdata.org/, 2021.

[4] Toole, M. Sustainable finance continues surge in 2021[EB/OL]. Refinitiv. 2022/2/2 [2022/7/7] https://www.refinitiv.com/perspectives/market-insights/sustainable-finance-continues-surge-in-2021/.

我国绿色票据发展现状及路径的探索

杨泽鹏　周瑜茜[①]

[摘　要] "力争2030年前实现碳达峰、2060年前实现碳中和"是以习近平同志为核心的党中央，经过深思熟虑、周密论证作出的重大决策。人民银行认真贯彻落实党中央、国务院决策部署，将绿色金融确定为"十四五"时期乃至更长时期最重要的工作之一。绿色金融将成为各大金融机构的发力重心，绿色金融产品发展迅速、标准逐渐完善，绿色债券、绿色信贷等绿色金融工具的应用逐步成熟。票据市场总量巨大，进一步扩大绿色金融的覆盖范围、助力绿色产业转型升级具有重要意义。但由于绿色票据界定标准不清晰、不明确及银行自身管理不完善等问题，一直未被广泛推广。为了更好地推广绿色票据，应该对绿色票据制定清晰、明确的界定标准；绿色票据识别阶段，运用科技手段提高准确度和效率；加强风险防控，防止"漂绿"现象。

[关键词] 绿色票据　发展掣肘　路径探索

一、我国绿色金融基本情况

绿色金融是指将绿色环保的概念与金融业发展相结合的一种新模式，在金

---

① 杨泽鹏、周瑜茜，均供职于中国民生银行。

融决策中考虑社会资源方面的影响,最终实现可持续发展。

绿色金融体系是指通过绿色信贷、绿色债券、绿色股票指数、绿色发展基金、绿色票据、碳金融等金融工具和相关政策支持经济绿色转型的制度安排。根据测算,"十三五"期间,按照落实现有已经制订的环境规划、计划和标准的"低方案",中国绿色融资的需求为14.6万亿元;基于环境无退化原则的"高方案",资金需求将高达30万亿元,其中85%的资金需要社会资本投入。目前,绿色金融体系建设尚处于起步阶段,以绿色信贷和绿色债券为主,其他绿色金融产品规模相对较小或尚未开发成熟。

二、我国绿色票据发展现状

(一)内涵释义

绿色票据作为新兴的绿色金融工具,国内外尚没有专门的定义,绿色票据业务的顶层设计、实施细则、配套政策也尚处空白,绿色票据业务发展处于起步阶段。

参考国内学者的定义,绿色票据是指为气候、环保、资源优化配置等绿色项目开发、绿色企业项目发展、绿色项目产品创新、营运及风险管理提供的各类票据业务产品与服务的总称。绿色票据是由符合规定条件的绿色企业签发或者申请贴现的票据,包括绿色银行承兑汇票和绿色商业承兑汇票(肖小和,2019)。

(二)业务特点

绿色票据具有普通票据的所有功能特点,包括支付结算、信用扩张、交易投资、政策调控等。同时,绿色票据也区别于普通票据。绿色票据直接或间接服务于绿色项目,属于绿色金融的一部分,其依据央行、商业银行对绿色金融的相关政策办理,接受监管部门对绿色金融服务的各项监管要求。另外,绿色票据具有较为鲜明的阶段性特点,在票据的全生命周期中,票据只有服务于绿色项目时,方可依照绿色票据业务政策办理,票据未服务于绿色项目时,仍按普通票据业务政策办理。例如,票据在承兑阶段用于绿色项目,其承兑业务按绿色票据政策办理,如其在贴现阶段仍用于绿色项目,仍按绿色票据政策办理,并办理再贴现;但如其在贴现阶段未用于绿色项目,则视同一般票据贴现业务办理。

与商业银行开展的普通票据业务相比,绿色票据的差异主要体现在政府参与度、业务流程、绿色属性和风险管理等方面。具体差异如表1所示。

表1 普通票据业务与绿色票据业务差别

维度	普通票据业务	绿色票据业务
政府参与度	商业银行自主制定相关制度,遵循利润最大化原则,政府只进行监管	商业银行需同时考虑利润和社会责任,相关政府部门参与企业和银行的沟通、资本合作及监管
业务流程	商业银行根据内部信贷制度决定投放对象和量价	向相关部门及渠道调取融资企业的环保信息后,再决定是否进行投放及投放量价
绿色属性	不具备绿色属性	直接或间接为绿色项目和企业提供融资,具备绿色属性和阶段属性
风险管理	短期风险较小,但不考虑环境因素及社会责任,长期来看外部性明显	短期内信贷风险由于绿色产业不确定性较高,但长期来看提高整体社会效益

(三)发展意义

1.补充我国绿色金融产品谱系,推进金融供给侧结构性改革。目前较为流行的绿色金融产品主要是绿色信贷和绿色债券,对中小企业而言门槛较高,绿色票据能够对现有绿色金融产品体系形成有效补充,为中小企业提供更多的融资选择,提升绿色金融服务实体经济的效能,对于补齐地方短期绿色融资短板、优化融资结构、推动金融供给侧结构性改革有重要作用。

2.进一步激发票据市场活力,推动企业绿色信用发展。对绿色项目相关的票据进行绿色贴标，可以提高其市场辨识度和接受度，使签发人更容易获取绿色项目融资，吸引多样化投资者进入票据市场，从而激发票据市场活力。同时，绿色商业承兑汇票可以有效引导企业注重信用能力、提高信用品质。

3. 推动货币政策传导效率的提高。绿色票据可直接作用于实体经济，提供贸易结算、投融资功能。人民银行可以通过控制再贴现总量、价格、行业、种类以及对象等要素定向、定量投放货币、引导市场预期，提升货币政策的有效性和灵活性。

（四）发展现状及业界实践

2021年，全国票据签发承兑量和贴现量分别为24.15万亿元和15.02万亿元，但绿色票据占比低。相比于绿色债券发行量和绿色信贷发生额而言，仍有较大的拓展空间。由于缺乏统一的顶层设计与制度支撑，目前，绿色票据在部分地区自下而上地开展实践探索工作。

2018年，深圳制定"绿色企业名录"，为纳入名录的企业优先办理再贴现业务，但是"绿色企业名录"白名单制范围较小，不具备在全国推广的条件。

兴业银行"绿票通"产品。该产品为绿色债券支持目录行业范围内（包括节能环保设备制造、清洁能源发电、污染防治、资源回收利用等行业）的绿色企业以低于市场价格办理商业汇票（包括银票和商票）贴现。由于"绿票通"仅从贴现端对绿色票据的应用提出指导安排，未从票据的整个生命周期考虑绿色票据业务，因此，"绿票通"被纳入绿色信贷统计口径，而没有作为绿色票据融入绿色金融产品体系。在绿色票据标准未统一的前提下，人民银行在为绿色票据办理再贴现业务时的认定标准完全基于提交申请资料的商业银行，由商业银行自行认定后以保证函的形式确保票据的属性为绿色，一旦监管部门发现所提供票据不具有绿色属性，商业银行将因此受到行政处罚，但监管部门内部并未形成对绿色票据的系统性认定标准。

（五）发展掣肘

1. 缺乏绿色票据产品的顶层设计。目前，国内外尚没有公认的针对"绿色票据"的统一定义，但部分地区已经自下而上开展试点尝试，广东地区作为绿色金融改革创新试验区，具备绿色金融创新的政策及实践土壤，然而绿色票据业务的顶层设计、实施细则、配套政策的缺失使绿色票据发展的系统性框架尚未形成，金融机构和其他票据业务市场主体应用绿色票据缺乏引导与支持，不利于激发绿色票据市场的潜力。

2. 缺乏统一的绿色票据认定标准。中国人民银行《关于上海票据交易所系统再贴现模块上线有关事项的通知》（银发〔2017〕216号，以下简称216号文）指出，绿色票据标准比照中国金融学会绿色金融专业委员会编制的《绿色债券支持项目目录（2015年版）》（以下简称《绿色债券支持项目目录》）的相关规定执行。然而，绿色债券的发行主体多为大中型企业，债券项目也以大中型项目建设为主，以项目为标的的《绿色债券支持项目目录》难以有效匹配以具体产品为交易标的的票据业务。并且，票据的承兑和背书都是建立在真实贸易背景的基础上，以结算介入企业的采购、生产、批发和销售环节，以中小微企业为主要参与者。因此，绿色票据不仅与绿色债券的参与主体有所区别，与发行绿色债券的融资项目类型也有较大的出入，目前适用于绿色债券的标准难以直接用于绿色票据。

3. 绿色票据业务推广效率低。票据作为短期结算融资工具，其生命周期较短，票据绿色属性认证需要做到快速与准确，才能有效获得再贴现业务的支持，降低绿色企业的融资成本。但在实际业务中，票据业务具有分布广、业务下沉等特点，做到"快准"存在较大困难：一是绿色票据的认证难，绿色票据由于参与主体和贸易背景众多，本身的认证就存在困难，而现有认证标准也会随着业务的发展而不断更新，人为判断不仅操作难度大，而且容易出现错误认证的情况。二是在绿色票据申请再贴现环节，各地人民银行分支机构存在对绿色票据政策解读不一、对政策把握存在差异的情况，增加了认证环节的难度。

4.缺乏配套的绿色金融科技支持。对于绿色票据目前主要需要两类信息技术：一是绿色票据自动识别系统，能够主动抓取票据识别所需信息并进行判断。二是绿色票据信息管理系统，能够对绿色票据的相关业务量、金额、主体库等信息进行归类登记，可视化显示等。然而目前尚无能够实现其中一个功能的绿色票据系统，手工台账处理方式将极大地增加经办机构工作量，同时对事后监察也带来难度。

三、我国绿色票据业务路径探索

针对绿色票据业务发展过程中存在的困难，首先，应当在已有绿色票据标准顶层设计的基础上，明确绿色票据认证标准；其次，引入第三方专业认证机构，严控"漂绿"风险；再次，商业银行应完善绿色票据业务流程，提升绿色服务效能，保障绿色票据业务顺利进行；最后，加强科技赋能，解决绿色票据在识别阶段的准确与效率问题。具体如下：

（一）完善顶层设计，建立明确认证标准

2019年，广东银行同业公会与中央财经大学绿色金融国际研究院发布的《广东省绿色票据评价标准及应用研究》认为，绿色票据标准的认定应遵循可识别、可操作、可计量和可推广的原则，主要需要在"标准设置环节"和"标准设置要素"两个方面进行统一，在综合考虑绿色相关目录的情况下，厘清绿色产业和项目边界问题。

1.标准设置环节。目前，已有地区于2020年4月发布了《绿色票据认定和管理指引》，该文件根据《绿色债券支持项目目录》，从承兑或贴现环节对绿色票据提出要求，将绿色主体（承兑人和贴现人）、绿色交易标的所属类别和交易标的绿色用途三个维度作为绿色票据的评价标准，满足三类情况中的任意一种承兑或贴现的票据即可视为绿色票据。目前，该指引正处于初期试点阶段，商业银行或可参照此类标准开展绿色票据承兑和贴现业务。

总体来看，在承兑及贴现环节设置标准具备理论和操作性的优势。承兑（开票）环节为票据源头，需要严格审查真实贸易背景，在承兑环节核实交易内容可更有效检验票据投向，支持绿色融资，符合绿色票据初衷。在贴现环节产生资金实际划转，属于企业融资行为。因此，在贴现端设置评价标准也符合绿色票据的核心。此外，还有部分机构认为需要同时从承兑和贴现两端进行控制，强化"绿色"属性，确保资金在绿色产业内流转。因此，绿色票据标准设置应主要关注承兑、贴现两个环节。

2. 标准设置要素。票据交易的主要考察要素为交易主体和真实交易背景，也是传统票据监管的要素，绿色票据评价标准也应对票据实现融资功能时的主体、交易背景进行综合分析。

从票据的票面信息来看，被背书人和背书人签章是票据绝对记载事项。根据人民银行《支付结算办法》，票据的签发、取得和转让，必须具有真实的交易关系和债权债务关系。现有商业银行办理票据业务主要审查信息为出票人及其签发票据的贸易背景、贴现人及其和前手贸易背景。从票据支持方向来看，主体（出票人或贴现人）基于融资需求办理承兑或贴现，体现了票据作为货币证券对绿色金融支持对象的一致性。贸易背景是体现票据作为有价证券行使融资功能的背景依据，也是金融支持实体产业中"产业"方向的体现，同时贸易背景绿色与否在一定程度上也能体现票据的收款人性质。为此，从实操层面和绿色票据支持方向来看，将主体或贸易背景纳入绿色票据评价标准更可行。

总体来看，发展改革委、人民银行等七部门联合发布的《绿色产业指导目录》相比《绿色债券支持项目目录》更全面地囊括了目前国内已有绿色产业的范围，按照领域+技术/规模的划分方式进一步厘清了绿色产业和项目边界问题，可视作《绿色债券支持项目目录》的进一步解释说明，在216号文的指导下，以此为依据构建评价标的与《绿色债券支持项目目录》的关系，使绿色票据标准在应用时更具备可操作性。

3. 初期试行"双单绿"放松准入。"双单绿"标准是指单一环节绿、单一要素绿，即在承兑或者贴现环节，票据主体（承兑人/贴现人）或交易背景符合指定目录的（能够通过《绿色产业指导目录》与《绿色债券支持项目目录》建立联系的），即视为绿色票据。

"双单绿"标准主要是考虑到绿色票据产品创新初期，绿色票据应用后的现实优势未能充分显现的情况下，"双单绿"标准之下可激活的票据体量更充足，能够有效调动绿色票据使用量并形成规模效应，吸引更多金融机构和企业推行绿色票据。同时需要注意的是"双单绿"标准下绿色风险的防控，即要确保绿色评价到位，交易标的要真实并符合指定目录，有效防范"漂绿"风险的发生，保障绿色票据切实支持绿色主体或绿色交易背景。

（二）引入第三方专业认证机构，严控"漂绿"风险

基于绿色属性判断的专业性，尤其是依托《绿色产业指导目录》构建交易标的与《绿色债券支持项目目录》关系，对于绿色属性认定提出较高要求。在前期"双单绿"标准之下，严控"漂绿"风险尤为重要。为此引入第三方机构认定机制在提高认证准确性上有一定积极意义。受到对绿色标准理解程度不同的影响，以及随着绿色目录的不断细化，执行层面对银行端提出更高要求，银行内的认证体系及系统也要同时进行修改和升级，将增加商业银行的工作压力。在此过程中引入专业第三方机构对于解决问题有重要作用，既可依托专业第三方在绿色识别领域的专业实力提高绿色票据认定的准确性，同时也可通过第三方绿色票据识别系统，根据标准的变化实现统一的升级管理。

（三）商业银行应完善绿色票据认定流程，提升绿色服务效能

商业银行从组织架构等方面对业务流程进行再造，以提升业务效率，为绿色票据业务提供组织保障。

首先，要解决绿色票据业务多头管理的问题。目前大部分商业银行的绿色

票据业务模式需要贴现与转贴现、再贴现业务联动，但不同业务分属于不同业务条线，无形中割裂了联动效应。对此，银行可采取集中处理模式，增强管理部门之间的联动效应，保障绿色票据业务的顺利开展。

其次，要解决票据业务金额小、数量多、经营机构分散等问题。绿色票据业务需要额外对票据的绿色属性进行识别，"小多散"将直接影响经营机构的识别效率和精准度。为增加绿色票据的识别效率，降低业务操作风险，可由固定人员对辖内票据贴现进行绿色识别，或者从技术层面解决绿色票据识别难题，保障绿色票据识别的快速与准确。对于符合绿色票据标准的票据可由票据部门统一归集，再向当地人民银行分支机构提交再贴现业务材料，以此减少再贴现业务的中间环节，提高业务效率。

（四）依托金融科技力量，提高业务效率

由于中小企业是使用票据的主要群体，票据除具有"小多散"的特点外，因背书转让导致的贸易背景复杂，额外增加了对绿色票据的识别难度，然而识别效率又直接影响绿色票据的推广情况，因此，依托金融科技的力量，对系统进行改造升级，提高识别效率是推动绿色票据业务发展的关键所在。一方面，通过贸易背景链条中信息流、物流、资金流的获取与控制，从源头获得绿色属性的关键信息，形成有力地支持绿色票据业务的信息池，方便银行及监管部门的查阅与调用；另一方面，在绿色票据业务交易操作层面，实现关键字段、影像等信息与绿色票据信息池实时对接，并进行匹配，准确判断票据属性。

参考文献

[1] 中央财经大学绿色金融国际研究院，广东银行同业公会. 广东省绿色票据评价标准及应用研究[R]. 2019.

[2] 林耿华，王遥，金苗根，等. 粤港澳大湾区背景下绿色票据实施路径创新研究[J]. 南方金融，2020(8)：60-70.

[3] 王遥，施懿宸，秦书卷，等. 推进我国绿色票据发展的关键问题研究 [A]. 2020.

[4] 兴业银行广州分行课题组，金林. 粤港澳大湾区绿色债券市场国际化及其发展路径研究 [J]. 南方金融，2020(1):69-75.

[5] 鲁政委. 大湾区绿色金融发展大有可为 [J]. 现代商业银行，2019(7):14-20.

碳中和背景下
创新绿色票据发展的思考

汪办兴[①]

[摘 要] 在我国实施碳达峰碳中和战略的指引下，绿色制造成为新时期绿色发展和制造业转型升级的必然路径，绿色金融服务绿色发展成为重要举措。在上述背景下，金融机构开始探索发展绿色票据，绿色票据完善绿色金融体系和服务绿色制造的积极作用显现。新发展格局下，以信息科技、先进装备制造中小企业为代表的绿色制造行业企业有望推动绿色票据高质量发展，绿色票据也因其产品服务多样性、契合绿色制造业供应链管理的需要，具有良好的市场前景。同时，绿色票据在发展中还存在绿色票据认证标准不统一、绿色票据产品种类不丰富、绿色票据信息系统建设不完善等不足。本文从服务绿色制造的现实出发，创新提出推动商业银行加快绿色供应链票据转型的发展思路，提出若干对策措施：一是制定实施统一、规范的绿色票据认证制度；二是完善绿色票据交易系统等基础设施；三是优化绿色票据再贴现政策及监管安排；四是推动商业银行更新绿色票据经营理念，加快绿色票据业务转型和科技赋能绿色票据风险防控，推动绿色供应链票据业务转型发展。

[关键词] 碳中和 绿色制造 绿色票据 供应链票据 转型发展

---

① 汪办兴，供职于中国工商银行票据营业部。

在我国实施碳达峰碳中和战略和推动节能减排的背景下，绿色发展已成为我国经济转型发展的方向，推动传统制造业向绿色制造转型升级成为必然趋势。为推动绿色金融支持绿色发展，2016年，人民银行等七部门共同发布《关于构建绿色金融体系的指导意见》，推动建立健全绿色金融体系，鼓励通过多种方式发展绿色金融，通过绿色金融服务绿色发展。在上述背景下，我国金融机构创新发展了绿色贷款、绿色债券、绿色基金等绿色金融产品。近年来，我国部分地区和部分金融机构探索推出了绿色票据，在实践发展中，绿色票据逐步成为商业银行服务绿色制造的重要融资工具。在新发展格局下，商业银行创新供应链票据服务绿色制造业中小企业具有独特的业务优势，但自身在发展过程中仍存在一些亟待解决的问题。本文对当前银行创新绿色票据的现状、供应链票据服务绿色发展的业务模式以及创新绿色供应链票据的实施路径等方面尝试一些有益的思考。

一、绿色票据的探索发展与现实意义

（一）绿色票据的探索与现状

当前，在我国推行碳中和和节能减排的背景下，为加强金融支持绿色发展，国内先后推出了绿色贷款、绿色债券、绿色基金等绿色金融产品，并于2021年放开碳金融交易。近些年，部分地区和部分金融机构自下而上地对绿色票据进行了实践探索。2018年，深圳制定"绿色企业名录"，为纳入名录的企业优先办理再贴现业务，但受制于"绿色企业名录"范围较小，绿色票据业务范围仅限于局部地区。其后，江西、安徽等多地人民银行也以再贴现支持当地金融机构发展绿色票据业务。

兴业银行是国内较早探索绿色金融的金融机构之一。2019年，兴业银行推出"绿票通"产品，以低于市场贴现利率价格为《绿色债券支持项目目录》范围内符合条件的绿色企业办理商业汇票（包括银行承兑汇票和商业承兑汇票，以下简称银票和商票）贴现。截至2019年11月末，兴业银行已通过"绿票通"为中小微企业累计办理420笔业务，金额共计14.3亿元。九江银行是另一家较早探索绿色票据业务的商业银行。2020年，九江银行赣江新区分行实现了绿色票据业务的落地，并成功办理了绿色票据再贴现，打通了人民银行再贴现资金经由绿色票据投放到实体企业的路径。2020年6月，百信银行落地1200万元"京绿通Ⅱ"专项再贴现产品，面向符合政策要求的京津冀地区的绿色企业和绿色项目提供票据融资支持。青岛银行也于2020年上半年推出"绿票通"业务，有效解决了绿色产业链条中的企业和项目资金回笼周期长的难题。工商银行北京分行的数据显示，截至2020年6月末，该行绿色票据承兑余额约为8.5亿元。

总体上看，我国绿色票据仍处于探索发展阶段，绿色票据业务规模还较小，绿色票据产品和服务种类单一，覆盖绿色企业的数量较少，不同金融机构间绿色票据业务的标准尚不统一，制约了绿色票据同业交易。但鉴于票据业务代表企业实际发生的经济行为，发展绿色票据能够促进金融更加精准服务绿色实体经济，未来我国票据市场服务绿色制造的发展潜能巨大，绿色票据发展前景向好。

（二）绿色票据的内涵和现实意义

当前业界尚无统一的绿色票据定义。从其业务内涵出发，绿色票据是指由符合绿色经济标准的企业签发或申请贴现的商业汇票（包括银票和商票），资金用途符合人民银行绿色贷款或绿色债券标准；金融机构使用商业汇票为绿色行业企业的经济往来或绿色项目提供票据服务，与上述使用目的相关的票据可视为绿色票据。

从实践的角度看，绿色票据的产生晚于绿色贷款和绿色债券，但在服务绿色发展方面具有现实意义：一是创新绿色票据的发展，能进一步激发票据市场活力，提升票据市场服务实体经济的能力。二是有利于促进我国绿色金融体系的全面深化发展。绿色票据能够弥补绿色贷款和绿色债券作为长期资金使用成本较高的不足，降低绿色企业的融资成本，有助于完善绿色金融服务体系。三是绿色票据可以精准服务绿色制造业中小企业，为绿色制造业中小企业提供普惠绿色金融服务。四是绿色票据再贴现业务可以发挥传导人民银行政策的作用。

二、创新发展绿色票据的市场前景

（一）绿色制造促进票据业务高质量发展

绿色票据的服务对象是符合一定条件的绿色行业企业及其相关行业的绿色项目。2018年11月，中国生物多样性保护与绿色发展基金会、中国环境科学研究院共同编制发布《绿色企业评选标准》（以下简称《标准》）。该《标准》将产业环境、生产工艺的低能耗、技术先进性和可持续发展等核心关键指标，作为绿色企业评选标准和银行选择贷款客户的重要依据，严格把好新增融资准入关口。从上述标准看，符合条件的绿色企业主要分布在节能环保改造取得显著成效达到绿色标准的传统资源型企业、低碳消耗型的先进制造业企业和近年来发展的高新技术新兴行业企业。上述符合标准的绿色行业企业已经成为我国绿色制造的活跃市场主体，绿色制造已成为我国制造业企业转型发展的方向。从当下构建新发展格局和推进供给侧结构性改革的角度看，绿色制造业企业的加快发展已成必然趋势。

从我国票据业务发展实践看，制造业企业是使用票据的主要行业之一。票交所成立后，票据市场基础设施的完善发展推动了制造业企业票据融资。根据票交所报告，2017年，承兑业务中，出票人所在行业为制造业的占比达到45.14%；贴现业务中，贴现申请人所在行业为制造业的占比达到31.84%。在此过程中，符合绿色认证标准的高新产业成为票据业务增长亮点。据票交所披露，2019年用票量增长最快的行业分别为科学研究和技术服务业以及信息传输、软件和信息技术服务业，票据签发背书量比上年提高2个百分点（见图1）。

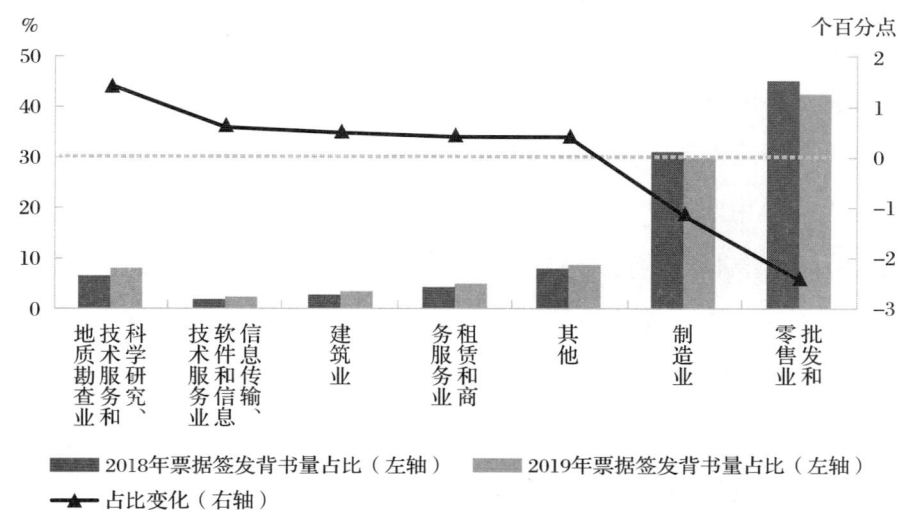

图1　2019年各行业票据签发背书量占比及其变动

（资料来源：上海票据交易所）

（二）绿色金融政策助力绿色票据业务创新发展

"十四五"规划将绿色金融支持绿色发展作为四大任务之一。2021年政府工作报告提出了实施金融支持绿色低碳发展的专项政策。2021年2月，国务院印发《关于加快建立健全绿色低碳循环发展经济体系的指导意见》，要求进一步增进绿色金融服务产业升级。

事实上，在绿色票据探索发展的实践中，为助力绿色票据服务企业融资需求，多地人民银行通过加强再贴现政策引导、加大再贴现额度倾斜和明确再贴现资金使用等方式支持绿色票据发展应用。

一是强化政策引导。如2019年1月6日，人民银行中山市中心支行印发《关于运用再贷款再贴现工具支持绿色金融发展的通知》，明确再贷款再贴现政策工具的额度管理、使用要求和政策效果等规定，提升辖区银行机构支持绿色产业发展的积极性。2019年1月22日，人民银行中山市中心支行成功为兴业银行中山分行办理一批绿色票据再贴现业务，通过灵活使用货币政策工具，促进政策资金精准流向绿色金融领域，提升政策效果。

二是加大再贴现额度倾斜。为支持绿色金融发展，多地人民银行中心支行明确再贷款、再贴现额度优先用于支持辖区银行机构加大对绿色产业的信贷政策力度，引导降低市场主体融资成本。

三是明确使用要求。根据《中国人民银行关于修订绿色贷款专项统计制度的通知》《绿色产业指导目录（2019年版）》等文件，银行业金融机构借用再贷款、再贴现政策资金支持绿色产业，资金投向需满足上述文件要求的政策条件，借用资金必须投向符合条件的绿色企业或绿色项目。

三、供应链票据契合绿色票据业务的应用发展

（一）绿色供应链管理催生绿色供应链票据需求

从绿色票据使用主体看，当前我国绿色企业主要集中在高新技术行业、先进装备制造业以及部分技术革新力度较大和生产工艺更新后达到绿色环保标准的传统能源企业等行业领域。对于高新技术和先进装备制造业，通常中小企业占比较大，此外绿色能源企业通常都有众多为其生产工艺做配套服务的中小企业。如前文所述，当前高新技术中小企业使用票据用于供应链企业支付和贸易融资的增速日趋提高。对于绿色产业供应链中的核心企业而言，其对绿色供货、绿色制造、绿色销售具有高要求，必然要求其上下游协作企业的制造业生态圈具有高度的稳定性，对供应链管理的意识更加强烈，我国绿色供应链管理悄然兴起发展。绿色供应链管理将全生命周期管理、生产者责任延伸理念融入传统的供应链管理，依托供应链企业间的协作关系，以核心企业为支点，通过绿色供应商管理、绿色采购等工作，推动供应链企业持续提升绿色绩效，扩大绿色产品供给，推动产业升级。由此，绿色供应链企业间协作联系更加紧密，彼此间的绿色供销网络的稳定性为供应链票据提供了有效的应用场景。

（二）供应链票据应用于绿色票据发展的业务优势

2018年4月，商务部等八部门发布《关于开展供应链创新与应用试点的通知》，要求"创新供应链金融服务模式，充分发挥票交所等金融基础设施作用，带动节能环保的产业供应链，推动企业降本增效、绿色发展和产业转型升级"。作为一种在供应链金融中广泛应用的工具，票据服务绿色供应链管理具有如下业务优势：

一是票据产品多样性和服务范围广泛。金融机构可以充分发挥票据从签发—支付—背书—贴现—转贴现—再贴现全生命周期多样性产品服务的业务优势，满足整条绿色供应链上各参与主体的金融需求，为绿色制造提供高质量供应链票据服务。当前，票交所已正式上线运行供应链票据平台，与传统票据相比，供应链票据最大优势在于等分化签发、可拆分流转，可以帮助供应链末端小微企业使用核心企业授信，从而满足整个产业链条企业的融资需求。

二是票据可以降低绿色供应链整体融资成本。近年来，随着利率市场化改革进程加快，银行票据贴现利率定价的市场化程度较高，其间中小企业票据贴现利率低于同期限贷款利率。根据票交所披露数据，2020年新冠肺炎疫情期间，为支持中小企业抗击疫情，人民银行多措并举降低企业综合融资成本，票据利率也降至2008年国际金融危机以来的低位，全年贴现利率较LPR（1年期）平均低92个基点，充分体现了票据服务实体经济、降低企业融资成本的市场优势。

三是供应链电票安全性高、便捷高效，有利于提升绿色供应链管理效率。票交所成立后，积极推动电票替代纸票，统一票据业务标准，推进商业汇票信息披露机制建设，形成了集中、统一和透明度高的电票交易模式，有效降低了票据交易各环节的操作风险，提升了电票业务办理效率。

（三）供应链票据有助于商业银行绿色票据转型发展

新发展格局下，票交所加快供应链票据平台建设发展，商业银行借助供应链票据可以更有效地控制绿色制造中小企业票据融资的信用风险，拓宽中小企业客户服务效率，加快票据业务经营转型。

一是票交所积极拓展供应链票据参与主体，有利于供应链票据在绿色金融服务中获得更加广阔的市场空间。2020年4月，票交所供应链票据平台试运行，与中企云链、简单汇、欧冶金服3家供应链平台对接，中国互联网金融协会作为接入服务机构也参与了试点。2021年8月27日，票交所召开供应链票据平台上线发布会暨签约仪式。票交所董事表示，"未来，票交所将继续根据接入规则，推动更多符合条件的供应链平台参与相关业务，促进供应链票据扩面增效"。

二是推动商业银行完善绿色票据的风险控制方式。票交所供应链票据平台建设有效降低了绿色供应链票据风险控制的难度。2021年供应链票据系统升级完善了企业信息校验功能，加强对企业身份真实性的验证；支持企业通过供应链平台上传交易关系等信息数据，支持贴现行查询信息。同时，票交所加快推进供应链票据的信息披露，推动企业承兑信息、承兑信用信息的公开化，降低伪假票据风险，助力市场主体评估核心企业信用风险。在供应链票据基础设施完善发展的基础上，商业银行供应链票据的业务模式有望摒弃针对中小企业单一客户直接授信的传统风控方式，通过依托供应链核心企业授信及其与上下游中小企业的真实交易，加强对供应链票据交易数据的分析利用，对中小企业票据风险实施有效控制。

三是商业银行可借助供应链票据切入绿色产业链中小客户市场，提升票据金融服务中小企业客户的深度和广度。借助供应链票据风险控制技术，银行可以破解单一中小企业客户存在的信用风险控制难题，适当淡化对企业的财务分析和贷款准入控制，转为重点关注供应链企业之间交易的真实性，与票据融资真实贸易背景的合规要求相契合，有效实现从核心大企业客户营销向其上下游中小企业客户营销的延伸。

四是供应链票据平台是一种电票业务的渠道创新，有助于商业银行绿色票据业务创新发展。票交所建设发展的供应链票据，不仅具备一般电票的所有业务属性；更重要的是，它是一种电票业务的渠道创新，它将票据嵌入供应链场景，企业可以直接通过供应链平台办理票据签发和贴现业务，提高企业用票的便利性。据票交所披露信息，2021年供应链票据系统升级后，企业既可在供应链场景下签发商票，也可签发银票，拓展了供应链票据的种类，丰富了企业选择。同时，新版本支持企业通过供应链平台向其他平台上的企业发起背书转让申请，实现供应链票据跨平台流转，有助于维护产业生态良性循环。从供应链票据应用发展看，未来供应链票据在提升企业签票和贴现便利性的同时，商业银行可以将供应链票据与票交所推出的贴现通、票付通、标准化票据以及跨平台相关业务实现对接，为企业提供多样性票据融资服务渠道。

四、当前绿色供应链票据业务发展存在的问题

一是绿色票据的认证标准和机制尚未统一。当前，我国已发布的绿色金融政策指导意见对绿色票据尚缺乏可操作的认证标准，各地和各金融机构在实操中主要参照绿色贷款进行业务办理，但考虑到票据与信贷在业务属性和业务环节等诸多方面存在较大差异，参照绿色贷款对绿色票据进行认证管理存在较大争议。同时，市场上缺少权威的绿色认证机构，独立第三方绿色认证机构的准入、评判参考依据、认证标准都没有统一规范，市场主体对绿色票据涉及的经营主体、项目的评价标准理解各异，制约了绿色票据的创新应用。

二是市场现有的绿色票据产品较为单一。当前，商业银行仅为本行绿色贷款企业目录中的企业办理票据贴现，缺乏其他票据业务类型，制约了市场主体对多样性绿色票据产品和服务的研发。在绿色金融政策支持下，绿色票据的签发、流通和融资都比普通非绿色票据更有优势，绿色票据标准的明确，将为金融机构创新发展绿色票据提供切入点。

三是金融机构供应链票据信息技术应用滞后。目前，票交所已上线运行供应链票据平台，但由于不同商业银行供应链票据业务发展不均衡，部分金融机构尚未研发应用可对接票交所供应链票据平台的业务系统，制约了绿色供应链票据的应用发展。

四是绿色供应链票据的风险隐患不容忽视。绿色票据作为金融机构新兴业务，因当前绿色票据还缺乏统一、规范的认证标准，部分机构参照绿色贷款开展绿色票据，在服务绿色制造中小企业中对绿色环保标准的理解存在偏差带来的交易风险，以及绿色票据信息系统不完善带来的操作风险。

五是商业承兑汇票发展滞后制约绿色供应链票据的应用。通常而言，大中型企业在绿色供应链中处于核心地位，其为节省财务成本，在对供应链企业支付时往往以签发商业承兑汇票（以下简称商票）作为支付工具。长期以来，银行承兑汇票（以下简称银票）为市场占绝对主体的交易工具。票交所成立后，商票市场占比有所上升，但仍低于15%，商票发展滞后制约了绿色制造行业供应链票据的应用发展。

五、促进绿色供应链票据业务创新发展的实施路径

（一）制定实施统一的绿色票据认证制度

制定实施统一的绿色票据认证标准。绿色票据标准的认定应遵循可识别、可操作、可计量和可推广的原则。从票据全生命周期业务环节考虑，建议从承兑和贴现环节根据用票企业性质界定为绿色票据，签票企业或贴现企业之一符合绿色标准的，则票据可标识为绿色票据。从标准设置要素考虑，只要是为绿色环保项目提供服务的企业签发或贴现的票据，均应被视为绿色票据。

规范绿色票据认证机制。建议在人民银行领导下，由票交所牵头各银行业机构共同商讨制定统一的绿色票据认证规范和认证指引，同时授予符合资质要求的金融机构开展绿色票据认证工作。具有绿色票据认证资质的银行业机构制定具体绿色票据业务认证标准，并指导经营机构开展绿色票据认证。经过认证的绿色票据采取标注入库方式进入票交所牵头建设开发的绿色票据系统，直至

票据兑付后结束票据的全生命周期。

（二）完善适宜绿色票据发展的票据市场基础设施

建议票交所研发设立绿色票据交易系统模块。在现行业务系统上为绿色票据增加专项标识；同时牵头联合银行同业机构共同研发，在现有票据交易系统上增设绿色票据交易模块。为绿色票据构建相对独立的系统模块，实现对绿色票据全生命周期的业务服务和数据信息的统一管理，促进绿色票据业务全流程操作、监督管理以及定价机制的成熟完善。

完善绿色票据应用发展的基础制度。一是根据统一、规范的原则构建和完善绿色票据认证标准及认证机制。二是仿效商业承兑汇票信息披露机制的建设，构建绿色票据信息披露机制，提升绿色票据信息公开透明和交易效率。三是由金融监管机构建立绿色票据认证的考核和奖罚机制，对在绿色票据认证中弄虚作假，将非绿色票据标注入库等违规情形，降低MPA考核得分、暂停绿色票据办理，以推动绿色票据健康发展。

（三）完善适宜绿色票据发展的政策环境

建议人民银行为绿色票据预留再贴现专项额度。近些年来，绿色票据发展实践表明，人民银行再贴现政策支持是金融机构探索绿色票据业务的关键。如兴业银行成都、北京、深圳、武汉等分行均在当地人民银行支持下落地该分行首笔"绿票通"再贴现业务。考虑到绿色票据业务尚处于发展初期，各项业务制度规范仍在探索建立过程中，建议人民银行设立"绿色票据再贴现"专项额度，对于商业银行逐笔申请的、资金用途满足要求的绿色票据给予支持。

建议监管部门将绿色票据纳入绿色金融统计口径。根据现行金融机构绿色金融监管统计制度，绿色贷款的监管统计口径的范围纳入了表内票据贴现，但签票承兑等表外票据业务尚未纳入绿色金融监管口径，未能充分反映绿色票据应用范围。从金融支持绿色票据应用发展的角度看，表外票据同样可以为绿色企业和绿色项目提供金融支持，与表内信贷的作用一致，为了与绿色票据认证标准统一，建议将绿色票据的签票金额另外设立绿色票据融资项目，可以更加全面地反映绿色票据应用发展状况，也可促进金融机构创新绿色票据发展的积极性。

（四）推动商业银行绿色供应链票据转型发展

更新绿色供应链票据服务理念。新发展格局下，商业银行要从绿色金融＋产业供应链融合发展的角度更新票据金融服务的理念，将票据业务切入以绿色制造为特征的产业供应链中，构建供应链票据服务绿色制造业的经营架构。在此基础上，商业银行可打造出绿色供应链票据业务体系。

围绕绿色制造和产业升级深化供应链票据服务。从绿色票据服务范围而言，商业银行应重点拓展符合绿色制造特征和具有产业升级前景的新兴行业企业，如以芯片、新能源汽车为代表的高科技信息技术和先进装备制造业企业，以5G为代表的新基建等行业企业的票据需求。上述新兴产业符合低碳环保要求，具有长期成长性，拉动经济增长能力强，带动相关供应链持续发展的积极作用，可以为商业银行绿色供应链票据持续发展提供成长性支撑。

推动绿色供应链票据产品创新。未来一段时期，伴随着国内传统企业加快低碳节能技改项目的实施，其产品满足绿色环保要求后有望拓展国际市场，符合绿色制造的高新技术新兴产业的发展壮大，也会助推我国经济对外开放和"一带一路"倡议的实施，我国对外经济贸易有望持续扩张，参与上述行业供应链的加工制造和贸易服务的中小企业有望加快发展。商业银行可以围绕绿色制造中小企业贸易金融服务需求，为上述行业企业提供一站式多样性的供应链票据创新产品服务，如保兑仓+银票、信用证（保函）担保银票等贸易融资供应链票据产品，以及积极探索与绿色低碳环保项目相关的碳资产质押票据融资。

强化金融科技应用，推动绿色供应链票据数字化转型。一是强化金融科技应用，加快推动票据产品线上化。在电票时代，商业银行须在不断完善PC端票据产品服务的基础上，将更多PC端票据产品服务实现移动端即时操作，进一步提升交易效率。二是推动绿色供应链票据产品场景化服务创新。对于绿色制造而言，因有众多信息科技型中小企业，其对票据服务场景化需求和数字化解决方案有着更高的接受程度，商业银行须加快绿色供应链票据场景化创新，为企业提供精准票据服务。

以金融科技赋能绿色供应链票据的风险控制体系。一是建立科学的风险管理理念，注重以真实贸易背景为依据的流程设计，并以此来控制风险、评估绿色制造业企业违约成本。二是加强银行绿色供应链票据业务系统建设，依托信息系统，加强绿色企业和项目认证信息查询核实及绿色票据交易信息的管理，严控绿色票据信用风险。三是建设优化绿色票据大数据管理技术，使用绿色票据大数据进行授信、风险防控和利率定价等，提升绿色票据管理效能。

参考资料

[1] 曹华军，李洪丞，曾丹，等. 绿色制造研究现状及未来发展策略 [J]. 中国机械工程，2020(1)：32-39.

[2] 林耿华，王遥，金苗根，等. 粤港澳大湾区背景下绿色票据实施路径创新研究 [J]. 南方金融，2020(8)：60-70.

[3] 上海票据交易所. 2017年票据市场运行情况分析 [R]. 2018.

[4] 上海票据交易所. 2019年票据市场运行情况分析 [R]. 2020.

[5] 上海票据交易所. 2020年票据市场运行情况分析 [R]. 2021.

[6] 王晟先，郭晓广. 绿色票据发展初探 [J]. 中国金融家，2019(9)：126-127.

[7] 汪办兴. 供应链金融在中小企业票据融资中的应用研究 [M]// 中国票据研究中心. 探索与争鸣——中国票据研究中心首届征文获奖论文集. 北京：中国金融出版社，2019：53-63.

票据交易业务信用风险的评估研究

孙世乾　王　鹏[①]

[摘　要]　上海票据交易所成立后，票据市场步入稳健增长的阶段。近年来，个别金融机构因经济环境、资产质量、流动性等问题引发信用风险事件，引起票据市场参与者高度关注。本文聚焦于票据交易业务信用风险的前瞻识别与持续跟踪，使用BSM（Black—Scholes—Merton）模型量化评估票据交易违约率，再将票据交易违约率与21种指标融合，从定量、定性双维度构建票据交易同业客户信用风险评价矩阵，以期前瞻识别信用风险，并引入人工风险控制调整项辅助跟踪评估，以缓释传统风险评价模型识别突发信用风险信息的时滞性。

[关键词]　票据交易　信用风险　BSM模型　风险矩阵

一、研究背景与综述

自上海票据交易所（以下简称票交所）成立以来，票据载体电子化和交易线上化发展迅速，票据融资业务产品持续推陈出新。截至2021年末，票据市场

---

① 孙世乾、王鹏，均供职于中国农业银行票据营业部风险合规部。

汇票承兑量达24.15万亿元，同比增长9.32%，贴现量达15.02万亿元，同比增长11.93%，供应链票据平台与商业汇票信息披露机制建设均取得重要进展。随着票据业务进入稳定增长阶段，票据业务风险防控也迎来新的挑战。

当前，全球经济不稳定因素上升，国内经济结构性调整提速，严监管政策陆续出台，一些高度依赖同业负债、单一客户授信集中度越线、信贷资产不良率高企、签发无真实贸易背景票据的金融机构的信用风险引起市场广泛关注（曾一村等，2020）。尤其在2019年5月24日包商银行事件发生后，中小银行作为票据资产债务人，在面临不利的外部经济环境因素与内部经营治理问题的冲击时，引发的信用风险问题逐渐凸显。因此，站在商业银行票据经营角度，如何量化评估票据债务人的信用风险暴露，为制定业务准入名单、持续监测业务风险提供参考指标，推动票据业务稳健、可持续发展，是当前票据交易业务风险防控重点之一。

目前，学术界对票据市场风险的研究集中于电票时代票据业务风险特征、风险成因以及防控措施等。票据业务风险特征主要包括信用风险、利率风险和操作风险（张蕾、黄庆，2020；李伟、李海霞，2016），随着票交所时代电票交易成为主流交易模式，票据专营机构大力加强人才梯队建设力度，交易系统可靠性和人员专业能力已迈上新的台阶，信用风险成为票据交易业务风险防范的重中之重（靳霞，2021；郭晓广、王晟先，2019；Acharya等，2017）。风险成因方面，汪武超等（2020）、徐枫和郭楠（2017）从宏观经济环境、区域行业因素、自身经营能力、风险合规制度等角度阐释了商业银行票据条线信用风险暴露的导向因素。此外，对于经营票据业务的金融机构，流动性紧张、监管趋严、信用下沉、经营政策失当等均可能是潜在的信用风险信号（董星、张卓敏，2020；Chandra、Nayar，1998）。风险防范方面，票据业务涉及企业客户与同业客户等多市场，统筹机构内一体化风险防控、建立票据业务与风险信息共享平台、优化票据业务风险监测预警和处置机制等均为防范信用风险的可行措施（中国银行业协会，2020；肖小和等，2015；Kacperczyk、Schnabl，2010；

卢学英，2007）。

上述研究集中于票据业务风险的特征、成因、防控，而对信用风险信息的前瞻识别与跟踪评估涉及不多。对此，本文选取金融机构的公开市场信息，使用BSM（Black—Scholes—Merton）模型量化评估其票据交易违约率，再将违约率指标与21种定量定性指标融合，构建票据交易同业客户信用风险评价矩阵，以期前瞻识别信用风险。同时，引入人工风险控制调整项辅助跟踪评估，以缓释传统风险评价模型识别突发信用风险信息的时滞性。

二、票据交易违约率的量化评估

票据交易违约率（CPD）是衡量信用风险的主要指标。信用风险的量化模型是因果关系模型。根据Black和Scholes（1972）的研究，人们可以识别借款人可能违约的情况，并估计这些情况会发生的概率，以此来估计违约概率。票据交易的承兑行或对手方大部分为股份有限公司或者有限责任公司，若资产价值（公司的价值）不足以偿付公司的负债，违约就会发生，票据追索流程即被触发，票据交易业务信用风险事件由此发生。由此，本文设置的量化模型基本前提是，如果资产价值低于与公司负债相关的临界值，就可能发生信用风险。

本文根据莫顿（Merton，1973）提出的简单假设为基础进行建模。莫顿假设负债只包括一个零息债券到期本金K在T时刻到期。因此，违约概率就是在T时刻资产价值低于负债价值的概率。为了简化分析，假设票据主债务人的股东权益为S，票据权利人从票据债务人处买入一张面值为K、期限1年的银行承兑汇票，在票据交易中可将此视作一次偿还本金，折价发行的零息债券。该票据价值为C，票据债务人的公司价值$V=C+S$。一年后在票据到期结算日：

$$V_1 = C_1 + S_1$$
$$S_1 = \max(V_1 - K, 0)$$
$$C_1 = K - \max(K - V_1, 0)$$

对于票据债务人的股东，其权益价值相当于一个以公司价值为标的资产，执行价格为K的看涨期权多头。对于票据债务人的债权人，其持有的票据价值相当于无风险资产与以公司价值为标的且执行价格为K的看跌期权空头组合。因此，在满足基本假设前提下，本文引入BSM模型估算票据交易违约率，先利用迭代接近法测算公司价值波动率，再使用CAPM模型（Capital Asset Pricing Model）估计公司价值收益率，从而导入BSM模型估算票据交易违约率，为票据交易同业客户风险评价矩阵提供重要数据支撑。

（一）BSM模型的建立

假设上述各资产价值符合对数正态分布，将票据债务人股东权益价值记为E，票据价值记为C，根据BSM模型（Black和Scholes，1973），可得：

$$E = VN(d_1) - Ke^{-rT}N(d_2)$$
$$C = VN(-d_1) + Ke^{-rT}N(d_2)$$
$$d_{1,2} = \frac{\ln(V/Ke^{-rT})}{\sigma\sqrt{T}} \pm \frac{\sigma\sqrt{T}}{2}$$

其中，$N(d_2)$为看涨期权执行概率，即公司价值高于票据价值的概率，故票据交易违约概率即公司价值低于票据价值的概率，记作$N(-d_2)$。

通常情况下，无法直接观察票据交易同业客户的公司价值。而BSM模型揭示了不可观测的变量资产与可观测的变量股票之间的关系，可以较好地解决这个问题（Chambers和Saleuddin，2020）。对于流通市场的上市公司，可以观察股票的市场价值，它是由股价乘以流通股的数量得出的。因而在引入大量历史数据后，可利用迭代接近法进一步估算公司价值的波动率。

（二）迭代接近法估算资产波动率

根据前述模型描述，股票价值与公司价值之间的关系为

$$E = VN(d_1) - Ke^{-rT}N(d_2)$$

从中解得票据债务人的公司价值为

$$V = \frac{E + Ke^{-rT}N(d_2)}{N(d_1)}$$

假设一年共260个交易日，当前时间点为t，可得：

$$V_t = \frac{E_t + K_t e^{-r_t(T-t)}N(d_2)}{N(d_1)}$$

$$V_{t-1} = \frac{E_{t-1} + K_{t-1} e^{-r_{t-1}(T-t+1)}N(d_2)}{N(d_1)}$$

……

$$V_{t-260} = \frac{E_{t-260} + K_{t-260} e^{-r_{t-260}(T-t+260)}N(d_2)}{N(d_1)}$$

由此，执行三批次迭代。本文以A银行为例，选取近三年（2018年9月1日至2021年9月1日）该银行股票市场价值和股本作为V_{t-i}（$i=0,1,2,\cdots,260$）的初始值。A银行公开数据的描述性统计见表1，其中，流通市值为流通股数与股价之积，HS300为沪深300指数日收盘价，R_f为一年期国债收益率。

表1　A银行公开数据的描述性统计

名称	单位	观测数	均值	标准差	最小值	最大值
流通市值	亿元	780	1743.21	119.59	1532.37	2041.93
HS300	无	780	4237.94	705.5896	2964.84	5807.72
R_f	%	780	2.34	0.3666	1.16	3.01
股本	亿元	780	489.00	0.00	489.00	489.00

数据来源：Wind。

第一批迭代过程中，通过V_{t-i}计算ln（公司价值收益）的标准差作为波动率的合理估计。

第二批迭代过程中，将上一批迭代得出的V_{t-i}和σ导入BSM模型，解出d_1和d_2，从而计算新的V_{t-i}。

第三批迭代过程中，继续执行迭代直至过程收敛。如果连续两次迭代中，公司价值之间的差的平方和小于某个设定值（本文设定为10^{-10}），则停止迭代。

（三）CAPM模型估算资产收益率

在求出票据债务人公司价值波动率后，进一步使用CAPM模型估算公司价值收益率。CAPM模型计算式如下：

$$\exp(R_i) - R_f = \beta_i(\exp(R_M - R_f))$$

其中，R_f为无风险收益率，使用一年期国债收益率表征。R_M为市场组合收益率，使用沪深300（HS300）的组合收益率表征。使用线性规划法拟合β值。综上所述，经迭代接近估算票据债务人公司价值波动率，CAPM模型估算公司价值资产收益率，导入BSM模型可估算出A银行票据交易违约率约为0.36%，如表2所示。

表2 票据交易违约率（以A银行为票据债务人）

迭代接近法估计结果		CAPM模型估计结果	
资产价值	1549.39	β	0.2826
资产波动率	15.78%	期望收益率	4.64%
债务价值	1372.88	连续复合收益率	4.54%
BSM模型估算结果			
d_2	2.67		
$N(-d_2)$	0.36%		

三、票据交易同业客户信用风险评价矩阵

在估算出票据交易违约率的基础上，本文拓展对票据交易对手信用风险评估的范围，从定量与定性双维度构建信用风险评价矩阵。而针对区域经济、金

融政策、经营主体可能出现的突发变化，传统风险评价矩阵对突发信息的处理可能存在时滞（Gatev和Strahan，2006），本文添加了可由风险评估小组及时处理的"调整项"，以提升信用风险评价矩阵的监测灵敏性，如表3所示。

表3 票据交易同业客户信用风险评价矩阵

指标属性	指标分类	指标内容
定量指标	票据交易违约率（25%） 资产质量（35%） 收益质量（20%）	票据交易违约率；总资产；资本充足率；不良贷款率；成本收入比；减值收入比；票据贴现利息收入；广义流动性资产占比
定性指标	外部环境（10%） 个体资信（10%）	区域金融环境；股东背景；融资能力
调整项指标	票据业务监管处罚（调减10分） 行业突发事件（调增/调减10分） 个体突发事件（调增/调减10分）	有关票据业务的监管处罚；行业负面因素；资产受限；突发性融资困难；政府或股东支持；自然灾害；安全生产风险；外汇及衍生品风险；指标严重异常；发展战略变化；财务信息质量

注：第二列括号内数值为权重或总分调整数。

定量指标可分为资产质量和收益质量两类测度指标。资产质量指标分为票据交易违约率、总资产、资本充足率和不良贷款率四个分项。一般而言，资产规模大、不良贷款率低的金融机构抗风险能力较强，又可动态地看，如资产规模、充足率保持稳定增长，不良贷款率逐年降低的金融机构该项评分就较高。资产质量类指标评分阈值如表4所示，数据均来自Wind，使用均匀插片法设置上下阈值。

定量指标中的收益质量分项包含成本收入比、减值收入比、票据贴现利息收入和广义流动性资产占比。在同业比较中，收益质量较高的金融机构抗风险能力越强，票据贴现利息收入与收益规模增长匹配性较高的机构将获得更高的票据业务抗风险能力评分。其中，成本收入比反映金融机构每单位收入需支出的成本，为营业费用加折旧与营业收入的比例，是评估收益质量的重要指

表4　信用风险评价矩阵定量指标阈值

票据交易违约率阈值	得分	总资产阈值	得分	资本充足率阈值	得分	不良贷款率阈值	得分
≥2.31	0	≥18.98	100	≥15.31	100	≥2.45	0
2.08	10	17.58	75	13.34	80	2.01	15
1.64	30	17.01	55	13.11	50	1.82	40
1.16	45	16.74	45	12.01	40	1.70	50
0.75	60	16.33	35	≤12.11	20	1.57	70
0.34	80	16.15	25			1.31	85
≤0.34	100	15.76	10			1.07	90
		≤15.76	0			≤1.07	100

成本收入比阈值	得分	减值收入比阈值	得分	票据贴现利息收入阈值	得分	广义流动性资产占比	得分
≥0.49	0	≥0.28	0	≥96	0	≥0.13	100
0.43	10	0.18	25	72	25	0.11	90
0.39	30	0.13	55	48	55	0.09	75
0.37	45	0.11	80	24	80	0.04	65
0.34	60	≤0.11	100	≤24	100	0.02	40
0.30	80					≤0.02	15
≤0.30	100						

数据来源：Wind资讯与公开资料整理。
注：除端点阈值外，其余阈值均为下阈值；总资产单位为万元，并取自然对数；票据贴现利息收入单位为亿元；其余指标单位均为百分比。

标，该项指标越低表示获利能力越强。但是，上述定量指标并非仅评判绝对值高低，以成本收入比为例，金融机构经营理念并非成本最小化，如一味压缩成本，调低成本收入比，站在股东角度看，该机构可持续发展能力或受限，大部分商业银行该项指标介于20%至30%之间，此项银保监会考核要求为不高于45%，为一般商业银行提升收益质量留出了空间。

定性指标方面，本文设置指标主要考虑外部环境和个体资信，具体包括区域金融环境、股东背景和融资能力，三项指标释义与分值如表5所示。其中，用金融机构总部所在城市当年GDP总量表征区域金融环境，划分一至四类城市。一般而言，金融机构总部所在城市若处于经济总量有限地区，其业务发展存在局限性，贷款集中度和客户集中度偏高，以中部地区某银行为例，其客户集中于金属冶炼和煤炭采掘行业，近年受"双控"政策、去产能等影响，该行不良资产风险暴露较为明显。

表5 信用风险评价矩阵定性指标释义与得分

指标名称	指标释义	得分
区域金融环境	一类城市	100
	二类城市	70
	三类城市	50
	四类城市	30
股东背景	国有大型商业银行、政策性银行、全国性股份制银行	100
	直辖市、省或省会级别城商行；北京、上海市农商行；外资银行境内分支机构	75
	其他城商行、其他直辖市、省或省会级别农商行	50
	其他农商行	25
融资能力	上市且发行了债券、同业存单	100
	非上市且发行了债券、同业存单	50
	非上市且未发行债券、同业存单	0

调整项方面，重点考虑票据业务监管处罚、行业发展与自身经营重大风险事件，共包括11项分项。票据业务监管处罚对信用风险评估具有举足轻重的影响，自2015年底《中国银行业监督管理委员会办公厅关于票据业务风险提示的通知》发布以来，票据市场风险成为监管重点关注领域。2019年5月24日包商银行事件发生，银行承兑汇票的刚性兑付被打破，票据市场信用风险偏好迅速降低（李小龙、李亚光，2020）。据统计，如表6所示，涉及票据业务的监管处罚中，2018—2020年监管机构累计向167家金融机构开具处罚决定书329份、罚没金额11.05亿元。

在调整项中，股东或政府支持是近年来金融机构缓释信用风险的常用方式之一。例如，股东注资帮助S银行迅速补充了资本金、提升了信用风险损失吸收能力。2018年S银行因资产减值损失同比增加356%，信用成本明显上升，次年该行与股东签订股份认购协议，募集资金约180亿元，核心一级资本充足率约提升2.7个百分点，该行信用成本有望显著降低。

表6 2018—2020年票据业务监管处罚统计

年份	金融机构			从业人员		
	处罚决定书（份）	涉及机构数（家）	罚没金额（亿元）	处罚决定书（份）	涉及人数（人）	罚没金额（万元）
2018	142	66	9.43	92	120	282
2019	142	72	1.29	104	130	258
2020	45	29	0.33	184	89	92
合计	329	167	11.05	380	339	632

数据来源：中国银行保险监督管理委员会网站。

综上所述，在经BSM模型估算同业客户的票据交易违约率后，导入信用风险评估矩阵，结合22项定性与定量指标，可估算出票据交易业务同业客户的信用风险得分，得分越高表明抗风险能力越强，反之则越弱。考虑数据可得性与样本丰富性，本文选取国有大型商业银行、全国性股份制商业银行、票据交易业务活跃的部分城市商业银行与农村商业银行等不同规模的同业客户作为观测对象，涵盖我国东、中、西部地区的银行类金融机构，共估算出100家票据交易业务同业客户的信用风险得分（见表7）。需要说明的是，部分观测对象的公开市场高频数据不可得，模型输出结果或产生偏离，本文构建的票据交易信用风险评价矩阵选取的指标及权重可进一步优化。

表7 票据交易业务同业客户信用风险得分

分数区间	金融机构数量
90分（含）以上	10家
80~89分	19家
70~79分	40家
60~69分	31家

四、对策建议

鉴于票据交易业务信用风险产生和表征的复杂性,以及传统评估方法的风险发现功能的局限性,应坚持进一步拓展风险评估模型数据覆盖的广度与深度,将"人防"的及时响应与"机防"的独立客观相融合,并根据模型评估结果,实现承兑行交易对手名单制动态管理。同时,持续提升风险管理人员专业素养,不断训练迭代票据交易业务风险评估模型,使之更加适应票据流转全周期的信用风险管理。

(一)搭建一体化信用风险管理体系

一是着力提升模型所用数据的广度与深度,与机构内风险监测、押品管理、舆情监督等部门互通风险信息,整合监管信息、工商税务、同业数据等各类资源,有效规避跨市场风险,推动票据市场信息共享互联。二是设置人工风险评估小组复审模型评估结果,并及时对突发信用风险事件作出响应,从而实现"人防"与"机防"的结合。在票交所系统直连与纸电票据融合后,票据业务风险管理系统得以不断优化,同时不能忽略人工风险管理对突发风险事件、潜在风险信息等的重要作用。成立人工风险评估小组,可对区域经济环境、行业发展政策、主体资信质量等突发变化及时反应,缓解系统风险判别时滞,提升票据交易业务风险识别效率。

(二)强化票据业务全流程风险管控

根据票据交易同业客户信用风险模型的评估结果,建立承兑行交易对手名单制管理,并强化票据业务全流程监测,建立事前、事中、事后三段风险监测闭环管理,如评估结果发生变化,则对名单作动态调整。事前加强承兑行交易对手名单制管理,根据机构票据交易业务风险偏好及经营特点,根据业务实际开展需要,及时调出或调入同业客户至上述名单;事中严格客户尽职调查和准入管理，签发环节强化工商信息真实性审查，加强转贴环节存续期管理，提高对票据业务潜在风险的识别、拦截、跟踪与防控能力（张华伟，2020）；事后完善风险自纠自查，完善电票业务线上跟踪监测机制，及时督导排除票交易业务风险隐患。

（三）优化票据流转专属信用风险模型

有别于其他短期融资工具，票据流转中前手贴现行的存在，在评估票据信用风险、计提加权风险资产方面或需另作考虑。现有风险评估模型穿透量化承兑行交易对手的信用风险，而票据流转前手的风险缓释或加剧作用并未纳入观测范围。因此，在训练迭代票据交易业务风险评估模型时，可考虑增加违约风险分担等相关参数，注重票据交易前手公司治理能力方面的变化，更充分地关注信用风险积累演变过程以及信用风险揭示贡献因素的时变特性（陈学彬等，2021），并建立专业化风险防控团队，从日常监测、模型管理、风险报告等多维度夯实风险管理人员业务水平，从而实现及时、高效的票据交易业务信用风险管理。

参考文献

[1] 曾一村，凌典，谈韵．票据市场传导货币政策研究[M]//中国票据研究中心，中国票据市场研究（2020年第2辑）．北京：中国金融出版社，2020：51-66.

[2] 张蕾，黄庆．新形势下票据业务风险管理研究[M]//中国票据研究中心，中国票据市场研究（2020年第4辑）．北京：中国金融出版社，2021：71-80.

[3] 李伟，李海霞．新常态下加强商业银行票据风险管理的思考[J]．宏观经济研究，2016(12)：145-150.

[4] 靳霞．财务公司票据违约风险披露机制构建——以重庆力帆财务有限公

司为例[J].财会通讯,2021(18):139-142.

[5] 郭晓广,王晟先.完善票据市场信用评级体系[J].中国金融,2019(18):71-72.

[6] 汪武超,于鑫水,刘遥.中小银行信用风险对票据市场的影响[J].票据研究,2020(4):50-62.

[7] 徐枫,郭楠.银行票据业务风险成因及对策[J].农村金融研究,2017(8):48-52.

[8] 董星,张卓敏.中小银行风险识别与票据资产经营探索[J].票据研究,2020(2):59-69.

[9] 中国银行业协会.商业承兑汇票业务创新与风险管理[M].北京:中国财政经济出版社,2020.

[10] 肖小和,张蕾,王亮.新常态下票据业务全面风险发展趋势与管理[J].上海金融,2015(6):89-92.

[11] 卢学英.票据融资业务的风险与防范[J].特区经济,2007(11):86-88.

[12] 李小龙,李亚光.票据融资业务风险防范分析[J].票据研究,2020(2):97-105.

[13] 张华伟.票据业务风险转型与防范对策建议[J].票据研究,2020(4):123-128.

[14] 陈学彬,武靖,徐明东.我国信用债个体违约风险测度与防范——基于LSTM深度学习模型[J].复旦学报(社会科学版),2021(3):159-173.

[15] Acharya V V, Afonso G, Kovner A. How do Global Banks Scramble for Liquidity? Evidence from the Asset-backed Commercial Paper Freeze of 2007[J]. Journal of Financial Intermediation, 2017(30):1-34.

[16] Black F, Scholes M. The Valuation of Option Contracts and a Test of Market Efficiency[J]. The Journal of Finance, 1972(27):399-417.

[17] Black F, Scholes M. The Pricing of Options and Corporate Liabilities[J].

Journal of Political Economy, 1973(81):637−654.

[18] Chambers D, Saleuddin R. Commodity Option Pricing Efficiency before Black, Scholes, and Merton[J]. The Economic History Review, 2020(2):540−564.

[19] Chandra U, Nayar N. The Information Content of Commercial Paper Rating Downgrades: Further Evidence[J]. Journal of Accounting, Auditing & Finance, 1998(4):417−435.

[20] Gatev E, Strahan P E. Banks' Advantage in Hedging Liquidity Risk: Theory and Evidence from the Commercial Paper Market[J]. The Journal of Finance (New York), 2006(2):867−892.

[21] Kacperczyk M, Schnabl P. When Safe Proved Risky: Commercial Paper during the Financial Crisis of 2007−2009[J]. Journal of Economic Perspectives, 2010(1):29−50.

[22] Merton R C. Theory of Rational Option Pricing[J]. The Bell Journal of Economics and Management Science, 1973(4):141−183.

做市商制度在票据市场的应用研究

王鹏 丁卯[①]

[摘 要] 当前我国票据市场以询价交易为主，在一定程度上存在交易流程较长、价格透明度有限、询价成本较高等问题。本文通过分析做市商制度在债券市场应用的业务模式及意义，阐明了我国票据市场引入做市商制度的必要性及可行性，提出了"部分机构试点做市商—建立做市商制度—做市商制度运行"的票据市场做市商制度分步应用路径。针对当前票据市场现状，建议金融机构吸收做市商制度的报价机制、价格研判等优势，逐步推行双向报价，提高市场交易能力，储备做市商经验。

[关键词] 做市商 票据 双向报价

一、做市商制度

（一）做市商制度概述

做市商（Market Maker）指具有一定实力及信誉的证券经营法人，其根据

[①] 王鹏，供职于中国农业银行票据营业部业务管理部；丁卯，供职于中国农业银行票据营业部市场交易部。

市场价格行情及自有资金和证券情况，自行决定价格并向其他交易者或公众实时双边报价，并无条件同其进行交易。我国做市商制度最早应用于债券市场，起始于2000年。

中国人民银行（以下简称央行）于2000年发布了《全国银行间债券市场债券交易管理办法》，其中第十二条首次提出了"双边报价商"的概念，赋予了经审批金融机构开展债券双边报价业务的权利。次年央行通过发布《中国人民银行关于规范和支持银行间债券市场双边报价业务有关问题的通知》，详细规定了金融机构申请成为全国银行间债券市场双边报价商的条件，并正式批准农业银行、工商银行、中国银行、建设银行等9家商业银行成为大型银行间债券市场做市商，奠定了国内债券做市商制度的基础。2007年，央行颁布《全国银行间债券市场做市商管理规定》，对双边报价业务进行规范。2010年，经央行批准，摩根大通、花旗银行、汇丰银行等符合要求的境外机构投资者陆续进入中国银行间市场并获得做市商资质。2015年，央行进一步放开了境外金融机构在中国银行间市场开展业务的额度及范围限制，并通过将审核制改为备案制，促进了债券市场对外开放的进一步发展。截至2022年8月，国内银行间债券市场共有包括全国性银行、政策性银行、外资银行和其他非银机构在内的83家做市商，对完善我国货币政策传导机制、推动人民币国际化以及促进利率汇率改革等多方面，发挥了重要作用。

（二）做市商业务模式

做市商通过买卖价差盈利，在为交易机构提供双边报价的同时，也承担了做市报价风险。首先当市场价格波动较小时，活跃交易标的买卖价差往往为0或一个最小交易价格变动单位，此时交易将根据市场内做市商的最优双边报价，在同价位或相邻价位频繁成交买卖双向业务。因此，依靠交易标的买卖价差盈利的做市商机构，在通过提高周转率扩大获利时，需要严控敞口以降低单边风险。而当市场价格变动较大或针对非活跃品种做市时，做市商则面临较大的市场单边波动风险,需通过构建产品组合交易策略以对冲交易风险。当市场价格波动较大或出现单边市场行情时,做市商在市场不利方向中较为被动,其市场不利方向的敞口常常导致亏损。由于非活跃交易标的成交不连续且交易量较小,成交后敞口完全平仓等待时间较长,使持仓期间风险暴露较多,因此需要更大流动性溢价补偿以对冲风险,其在报价上的表现为双边报价的价差更宽。当市场价格波动加剧或单边走向时,为提高报价质量及业务效率、降低风险,做市商常将相同产品的各期限业务与跨产品组合交易的业务模式相结合,并基于活跃产品连续成交和流动性较好的优势对非活跃期限品种进行定价及报价,并构建量化全产品联动报价系统。

(三)做市商制度的意义及必要性

根据做市商制度在债券市场中的应用表现可知,做市商制度的意义主要包括以下三个方面:一是有助于提高市场的流动性。投资者基于做市商对全产品的实时双边报价,可随时根据自身需求同其进行直接交易,不仅减少了由于时间和信息不对称所导致的利益损失,同时增强了投资者的交易意愿,提高了市场的流动性。二是有助于增强市场报价的合理性。当前市场内的专业做市商往往由大型的银行或券商等机构充当,其相对优势的资源和系统架构,保证了对复杂产品合理定价的能力。同时,由于市场内做市商数量较多,其竞价行为促使做市商不断提高定价能力,缩小买卖价差。三是有助于维持市场价格的稳定性。多个做市商同时连续报价及各价位上较充足的报价量,为各价位的双向交易提供了稳定的供给,有助于避免因交易量不足而引发的价格大幅波动。

二、票据市场引入做市商制度的必要性及可行性

(一)引入做市商制度的必要性

上海票据交易所成立后,对票据交易方式不断创新丰富,在询价交易基

础上，推出点击成交和匿名点击成交方式。询价交易方式下，交易流程较长，难以有效满足批量、大额、频繁的交易业务需求。市场交易主体间通过"点对点"进行询价、撮合、谈判和交易，难以实时展示市场成交价格，价格透明度有待提高。票据市场参与主体不仅包括商业银行法人机构，也包括众多分支机构及部分非银机构，数量庞大的参与者在一定程度上增加了机构询价成本。点击成交和匿名点击交易方式通过向全市场匿名发送报价信息，在一定程度上缓解了"点对点"询价压力，降低了机构参与者询价成本。为进一步丰富票据市场交易方式、提高价格透明度，满足批量、大额、频繁的交易业务需求，票据市场有必要引入做市商制度。

在我国票据市场应用做市商制度，顺应了市场的发展规律，同时可通过采用做市商专业化、规范化及规模化的经营管理方法，改善当前票据市场的价格形成机制等微观结构，进而对以下几个方面起进一步推进作用。

一是进一步提高票据市场交易积极性及活跃度。当前我国票据市场参与主体趋向多元化，涵盖银行、财务公司、证券公司、非法人主体等，机构需求差异明显，极大地提高了票据市场交易活跃度。但因票据市场缺乏持续稳定的双边报价商，在市场出现同向化交易时，机构参与者更易于观望，交易积极性低。当前票据市场很多金融机构实行双向交易，但价格透明度和客户信赖度不高、市场覆盖面有限、交易持续性不强。因此票据市场及时引入做市商制度，将促使大型金融机构尽快扮演好做市商角色，有助于高效利用市场资源、提高市场活跃度及规范性，进而对发展票据市场、促进我国企业的短期投融资发展、加快企业资金周转等方面起到积极作用。

二是加强作为央行公开市场操作对手的职能。随着央行对金融的宏观调控方式不断由直接调控向间接调控转变，当前货币政策更多地基于市场机制发挥指导作用。在债券市场中，当央行通过买卖债券以调节货币流通中的货币量时，做市商制度能够迅速及时地实现货币投放或回购目的。尤其当市场流动性不足时，通过做市商履行与央行进行反向操作的义务，保证了货币政策的顺利落实。做市商制度在票据市场的尽早应用,有助于未来央行顺利将票据纳入公开市场操作标的,扩大货币政策操作空间。

三是提高票据市场价格的稳定性。票据市场机构参与者遍布全国各地,交易范围不受限制。随着票据市场交易机构的不断增多,大额、同向交易常常对票据价格产生较大扰动。做市商制度基于做市商较为充足的自有资金及票据,有助于及时地保证市场的流动性,同时在面对大额交易时稳定价格,提高票据市场价格的韧性。

四是提高市场效率。当前票据市场由于参与机构较多且类型复杂,单个机构深入、广泛挖掘市场信息难度较高,而依据做市商提供的实时票据市场信息咨询等相关服务,则可有效降低信息获取难度,提高市场透明度及交易效率。

（二）引入做市商制度的可行性

当前做市商制度在票据市场中应用的可行性包括以下四个方面。

一是债券市场做市商制度成熟,可有效借鉴相关经验。随着我国债券市场的不断发展,做市商制度越发完善,做市商机构也越发成熟。做市报价量和成交量近年来显著增加的同时,券种范围也逐步扩大,为票据市场引入做市商制度以及运行机制提供了有效借鉴。

二是票据市场规模快速扩大,票据交易业务系统上线。2000—2020年,我国票据年承兑量由0.70万亿元增至22.09万亿元,年增长率约18.83%;年承兑余额由0.40万亿元增至16.47万亿元,年增长率约35.13%;年贴现量由0.60万亿元增至13.41万亿元,年增长率约16.80%;票据融资余额由2004年的1.16万亿元增至2020年的8.36万亿元,年增长率约13.12%。在票据市场规模快速扩张的同时,我国票据业务报价及处理系统平台也随之跟进。2003年,中国票据网作为全国统一的票据报价平台上线,成为票据市场认可度较高的票据报价及资讯平台。2009年央行搭建的电子商业汇票系统（ECDS）实现电子商业汇票的签发、流转及登记等功能,标志着票据市场进入电子化时代。2016年底上线的中国票据交易系统，进一步推动了票据电子化的进程。此外，大部分票据交易机构还建有内部票据业务处理系统，上述系统平台为票据做市商的报价及交易体系的搭建奠定了基础。

三是参与机构众多，为做市商试点提供了充足的选择范围和空间。鉴于票据交易范围涵盖全国，除国有商业银行、全国性股份制商业银行外，越来越多的城市商业银行、农村商业银行、农村信用社、外资行等银行机构开展了票据业务。同时随着利率市场化进程的加快，部分证券、基金、企业集团财务公司等非银机构也陆续进入票据市场，成为票据市场的参与者。目前票据市场参与者种类丰富、数量繁多，不同类型机构做市商的供求方向差异，在市场波动时有助于提高市场双向交易积极性，并稳定市场行情。

四是实践经验方面，自从工商银行及农业银行相继成立总行票据专营机构，我国票据市场参与主体逐步向专业化、集约化、规模化发展。引用做市商制度，有助于进一步提高资源集中程度，构建以做市商为中心、普通交易机构紧密连接的市场结构，可以继续提高票据市场专业化、集约化程度。

三、做市商制度在票据市场的应用分析

（一）票据与债券市场融资工具特点比较（见表1）

表1 票据与债券市场融资工具特点比较分析

特点比较	票据贴现（含转贴现）	利率债[①]	信用债[②]	同业存单
是否标准化	否	是	是	是
市场存量规模（2021年9月末）	9.4万亿元	70.6万亿元[③]	22.1万亿元[④]	12.6万亿元

[①] 利率债包含国债、地方政府债券、政策性金融债和央行票据。
[②] 信用债包含短期融资券、中期票据、公司债和企业债。
[③] 国债22.0万亿元、地方政府债28.7万亿元、政策性金融债19.9万亿元、央行票据150亿元。
[④] 短期融资券2.2万亿元、中期票据7.9万亿元、企业债2.3万亿元、公司债9.6万亿元。

续表

特点比较	票据贴现（含转贴现）	利率债	信用债	同业存单
主导影响因素	资产配置结构、资金	资金	资金、信用等级	资金、信用等级
金融衍生产品	无	期货、期权、互换及远期协议合同	期货、期权、互换及远期协议合同	远期协议合同
月末资产余额弹性	小	大	中	大
机构参与者种类	政策性银行、存款类金融机构、证券公司、非法人类产品等	政策性银行、商业银行、信用社、保险机构、证券公司、基金公司、非金融机构、非法人产品、境外机构等	政策性银行、存款类金融机构、保险类金融机构、证券公司、基金公司、非法人类产品、境外机构等	政策性银行、存款类金融机构、保险类金融机构、证券公司、基金公司、非法人类产品、境外机构等
风险资产权重	25%、100%	0、20%	100%	25%
交易场所	上海票据交易所	上海证券交易所、深圳证券交易所、外汇交易中心、柜台交易	上海证券交易所、深圳证券交易所、外汇交易中心、柜台交易	上海清算所

数据来源：Wind。

与债券市场融资工具比较，票据（转）贴现存在以下相似之处：一是票据市场容量大，交易需求旺盛。当前票据市场存量规模近十万亿元，高于短期融资券、中期票据、企业债券，接近公司债和同业存单市场规模；2020年票据市场交易量达64.1万亿元[①]，年增长率25.8%，并保持持续增长态势。二是机构参与者种类丰富，均包含政策性银行、存款类金融机构、证券公司、非法人类产品等。同时，与债券市场融资工具相比，票据（转）贴现主要存在以下特点：一是票据标准化程度有待进一步提高。票据作为中小企业重要的融资渠道，票据个性化特征明显，出票企业分散，单张票面金额不一。为提高票据标准化程度，近年来央行推出标准化票据产品，并得以试点和应用；上海票据交易所创新推出供应链票据，实现票面金额等分化，未来推出的新一代票据业务系统也将支持电票金额等分化。二是票据市场价格影响因素众多，价格形成更为复

---

① 数据来源：上海票据交易所。

杂。票据市场价格除受宏观经济状况、货币政策、市场流动性、监管政策等因素影响外，还需要考虑资产配置结构、资金成本、供求关系等因素。三是目前票据市场无衍生金融产品，难以有效规避价格大幅波动风险。四是受制于机构资产配置总量和结构等因素，机构票据资产弹性小。

（二）做市商制度在票据市场的应用

票据市场与债券市场有诸多相似之处，且其标准化程度不断提高，市场制度越发完善，但其发展与债券市场仍存在差距，故而票据市场推进做市商制度应循序渐进，有选择、分步骤进行，待取得一定经验且相关制度健全后再全面展开。建议票据市场按照"部分机构试点做市商—建立做市商制度—做市商制度运行"路径实现做市商在票据市场的应用。

第一，试点做市商。在做市商制度完善之前，票据市场可选取部分市场信誉好、票据交易经验丰富、票据业务专业人才齐全、风险防控完善的金融机构试点做市商，以丰富当前票据市场交易制度，提高票据市场交易价格的透明度和实时性。试点做市商具体建议如下：

一是票据市场基础设施牵头票据市场做市商试点工作，选取做市商试点机构。可根据各金融机构票据交易量、市场信誉度、票据部门组织架构设置、票据专业人员储备、票据资产规模等因素综合考虑，初步选取试点做市商机构名单，并与该名单内机构沟通其参与意愿，最后依据沟通结果确定做市商试点名单。

二是票据市场基础设施初步制定做市商业务规则，跟踪并评价试点机构做市商效果。在试点初期，票据市场基础设施应明确做市商机构的业务范围、期限、信用主体规则等。其中做市商业务范围可包括银票转贴现、商票转贴现、质押式回购和买断式回购四类；期限可根据月份精细化区分，或者按照季度区分。此外，票据市场基础设施还需对试点机构的报价频率、报价质量、交易量等进行实时跟踪，综合评价试点机构做市商效果。

三是给予做市商试点机构适当激励措施。一方面，票据市场基础设施可对试点机构交易费用试点减免，以提高做市商机构的积极性；另一方面，可对试点机构提供更多实时成交数据、市场到期量和结构等信息便利，提高试点机构做市商的市场研判能力。

第二，建立做市商制度。待做市商试点取得一定经验后，可逐步将做市商推广至全市场，逐步完善做市商交易系统建设、建立做市商制度，规范票据市场做市商业务，推动票据市场发展。

一是制定做市商相关法规制度，规范票据市场做市商业务。参考债券市场和外汇市场经验，建议发布票据市场做市商管理规定或指引，统一票据市场做市商业务规则。建立严格的准入制度，认定票据市场综合做市商资格，明确做市商机构准入条件、申请流程、做市商的权利和义务等。

二是建立票据市场做市商分层机制，强化做市商职责。建立综合做市商和尝试做市商的分层做市机制，引入竞争机制，通过适当竞争形成合理价格，缩小价差幅度，降低交易成本，提高市场效率。综合做市商机构不区分业务品种，尝试做市商则可选择部分或者全部业务品种。引入尝试做市商有利于增加做市机构数量和种类，尝试允许有实力的证券公司等机构成为做市商提高市场活跃度；适当降低尝试做市机构门槛，让更多机构有尝试做市的机会，提高市场竞争力。

三是建立做市商评价制度，严格退出机制。建立票据市场做市商做市评估指标体系，涵盖做市商报价频率、成交、买卖价差、业务品种、信息报送等维度，实行定期评估或不定期核查。对评估结果排名靠后、违反做市商制度规定等的机构，取消其做市商资格，待业务静止期达到一定时间方可重新申请做市商资格。退出机制有利于筛选表现突出的市场成员为做市商，引导做市商积极提高自身素质，保持做市商队伍的良好形象，以确立做市商在票据市场的做市地位。

四是给予做市商政策支持。做市商在为市场参与者提供连续双边报价时承担一定的风险，因此为提高做市商的积极性，建议给予做市商一定的政策扶持，如适当减免税费；提供再贴现便利，再贴现额度上给予做市商适当支持；票据市场产品创新的政策支持；获取票据市场基础设施提供的实时报价、成交等数据。建立相关激励机制，通过激励机制调动做市商做市的积极性。

五是开发做市商报价交易系统，提供实时市场价格展示。票据市场基础设施完善票据业务系统建设，在现有点击成交和匿名点击系统基础上开发做市商报价交易系统，提高交易效率。市场参与者根据做市商报价，按照相关期限、信用主体、票面金额等要求可直接在系统中发起业务流程，实现"报价—选票—点击成交"全部线上完成。

第三，做市商制度运行。无论试点阶段还是制度建立阶段，做市商机构不仅需要满足资格认定的基本要求，还需要有完善的内部管理制度、做市商操作规程、风险控制机制，专业的票据人才储备，较强的票据市场研究和分析能力。做市商制度运行阶段，金融机构做市商需要做到以下几点：

一是完善内部管理制度和操作规程。做市商制度作为全新的票据交易制度，与当前票据询价交易差异较大，需要对当前的票据交易制度完善才能适用。票据做市商内部管理制度和操作规程是做市商资格认定的基本条件，也是做市商业务开展和系统操作的依据，是前置性工作。

二是加强人才队伍建设，提高票据投研能力。当前金融机构票据业务人员配备和专业能力存在差异，部分金融机构票据人员较少，交易能力尚显不足；票据市场研究和分析投入有待进一步提升，研究深度和广度有待加强。而做市商不仅需要大量的人力投入，还需要对市场有精准的把握。一方面，金融机构需要储备精通票据业务的人才，配备足够数量的交易和研究人员；另一方面，金融机构需要加大票据市场研发投入，实现"交易—研究"一体化，提高研究应用价值，为做市提供参考。

三是做好风险防范，提高做市业务持续性。票据做市商主要存在政策风险、经营风险和操作风险。为了有效避免政策风险，需要金融机构加大对宏观经济、金融市场和政策走势的研判。经营风险主要在于存货风险和流动性风险。为解决做市商存在的库存过多或过少风险，一方面，动态调整库存总量和结构，适应做市商最佳规模水平；另一方面，建立做市商内部询价交易机制，做市商间可通过定向询价实现大批量、大额交易。为解决流动性风险，可拓宽票据市场的融资渠道，联动债券市场、同业拆借市场，快速解决资金缺口。为减少操作风险，应加强做市商交易直连系统建设，增加系统刚控，减少人工参与；明确岗位分离，加强前中后台制约。

四是拓宽客户边界，扩大市场覆盖面。做市商制度运行阶段，做市商机构需要庞大的客户基础，方能保持业务的持续性。金融机构需要适应做市商角色变化，引导存量客户转变，进一步加强沟通和业务合作，夯实存量客户基础。同时，金融机构需要营销新客户，增加有效客群，拓宽原有客户边界。做市商应尽可能全面覆盖市场参与者，减少交易盲区和空白；定期梳理分析客户交易情况，并结合大数据深入分析和挖掘其潜在需求，提高客户交易的频率和黏性。

四、做市商制度在金融机构的现实应用

做市商制度短时间内在票据市场难以直接应用，但是金融机构可吸收做市商制度的报价机制、价格研判等优势，推行适合自身的双向报价，提高市场交易能力。不同金融机构可以结合资源禀赋和票据业务经营情况，选择相适应的交易模式。大型商业银行、证券公司等机构因其活跃度较高、交易量较大、人员配备齐全、交易经验丰富，是做市商制度应用的潜在对象。此类机构可在做市商制度建立前，在现行票据业务基础上逐步推行双向报价、加强交易队伍建设、提高客户覆盖面，储备做市商经验。

（一）逐步推行双向报价

在询价交易、点击成交、匿名点击的基础上，金融机构可研究并逐步推行双向报价，深入开展流量型业务。一是按不同期限双向报价，同时发布买入价

格和卖出价格；二是明确买入和卖出票据要求，双向报价可列示买入票据的票面金额、承兑行、贴现行、出票人等要素，卖出票据可链接卖出票据清单，供买入方挑选；三是设定有效期和额度，限制单次双向报价的买入量和卖出量，对单次双向报价时间区间进行锁定，并对该时间区间的买入量和卖出量总额进行设定，买入量和卖出量同时达到限额后，双向报价时效即终止；四是制定具体交易规则，按照"时间优先、清单申报"原则，对业务需求按照时间进行排序，并对业务申报清单进行筛选后确定交易。

（二）加强交易队伍建设

为适应双向报价，金融机构需加强交易队伍建设，提高票据人员的市场分析、客户营销、价格制定、交易等综合能力。一是金融机构适度增加票据交易人员数量，根据票据业务品种，对交易队伍进行精细化、专业化培养。二是提高交易人员市场分析能力，强化"投研交易一体化"，综合宏观政策、货币政策、市场流动性等因素，加强票据市场供求关系分析，对价格走势和机构行为进行预判。三是加强业务和人员培训，提高营销和综合交易能力。

（三）增加有效客户群，夯实客户基础

双向报价机制下，金融机构需要聚拢更多的客户，增加有效客户群，编织覆盖全市场的客户网络。一是深入挖掘、维护和满足现有客户多样化业务需求，增加客户黏性；二是扩大潜在交易客户范围，增加有效客户群，提高双向报价客户数量和质量；三是利用大数据分析客户群，制定个性化、精细化、多样化业务需求方案，夯实客户基础。

参考文献

[1] 周芦森，马龙达. 做市商模式——利率衍生品市场的重要组成部分[J]. 中国货币市场，2021(9):59-61.

[2] 丁化美,路鑫.金融证券产品交易制度比较分析[J].产权导刊,2011(3):49-50.

[3] 王红霞,曾一村,汪武超.关于我国票据市场建立做市商制度的研究[J].上海金融,2015(9):94-97,5.

[4] Theissen, E. Market Structure, Informational Efficiency and Liquidity. An Experimental Comparison of Auction and Dealer Market [J]. Journal of Financial Markets, 2000(3):333-363.

国际经验

国际金融动态

上海票据交易所　编译

国际商会：更新《供应链金融技术的标准定义》

国际商会（ICC）等组织曾于2016年发布《供应链金融技术的标准定义》（SFC Definition，以下简称《标准定义》）。自发布以来，《标准定义》受到业界欢迎，已被商业银行广泛采用。近期，ICC等对《标准定义》进行了更新，以进一步明确各供应链金融方式间的区别。此次更新最实质性的变化是引入"提前付款"（Advanced Payable，Early Payment）类别，其中包括三种方式：企业付款承诺（Corporate Payment Undertaking）、动态贴现（Dynamic Discounting）和银行付款承诺（Bank Payment Undertaking）。现有定义和更新后的定义如图1所示。

具体来看，企业付款承诺是指由买方向金融服务商发送付款指示，卖方将从金融服务商处收到提前付款。与应付账款融资不同，金融服务商不会从卖方购买相应的应收账款，而是完全依赖买方的不可撤销的付款承诺。动态贴现是买方直接给卖方的提前付款。与其他供应链金融方式不同，动态贴现无需融资提供方提供融资，而是一种向买方/卖方提供的计算发票金额折扣、作出相应处理的服务。买方将以自有资金支付原始发票金额的折扣金额。银行付款承诺利用B2B网络，在该网络中匹配交易信息后（类似跟单信用证的单据匹配），银行向企业或另一家银行发出付款承诺，该付款承诺可作为融资的基础。

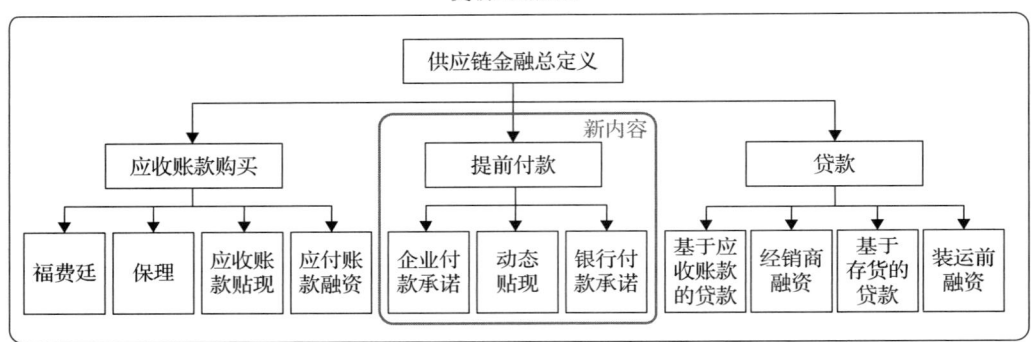

图1 现有定义与更新后的定义

（资料来源：全球供应链金融论坛，整体项目状态）

关于企业付款承诺的说明文件已经发布，关于动态贴现和银行付款承诺的说明文件将在未来几个月内发布。说明文件一般包括该融资方式的定义、参与方、特点和变体、相关风险和收益，以及其他技术性细节。

注：在《标准定义》中，福费廷指无追索权地买断由金融工具或付款责任（通常为可流通形式）所代表的未来付款责任，其近似表达包括无追索权融资、无追索权的本票/汇票贴现。福费廷要求存在一个基础性的付款责任，通常体现为区别于商业交易背景的某些具有法律效力的工具，如本票和汇票，但信用证项下的付款责任也广泛用于办理福费廷。上述工具适合办理福费廷业务得益于拥有健全的法律体系，且凭借法律或协议约定都独立于基础贸易本身，因此通过背书或转让可很容易转给第三方。福费廷市场由一级市场和二级市场构成。

资料来源：*Enhancement of the Standard Definitions for Techniques of Supply Chain Finance*（www.iccwbo.org）。

国际清算银行研究：
企业信用风险未来将增加但具有明显行业特征

本研究从行业角度，评估了G7国家、中国和澳大利亚企业信贷损失的未来形势。上述国家中，企业信贷平均占私营非金融信贷总额的一半稍多（从澳大利亚的31%到中国的73%不等）。

新冠肺炎疫情引发了大萧条以来最严重的经济衰退，其对企业破产和由此引发的信贷损失的影响刚刚开始显现。虽然当前大多数国家的非金融企业破产率仍较低，但未来随着信贷支持政策力度减弱、新消费习惯和商业实践导致特定行业萎缩加速、部分企业流动性耗尽等原因，企业破产率预计将会上升。2020—2022年，G7国家、中国和澳大利亚的企业信贷损失可能达到危机前平均水平的三倍左右，因危机而产生的额外信贷损失累积额将略高于1万亿美元，这些损失将由金融中介、投资者或纳税人承担。

不过，由于当前的衰退主要集中于在产出和债务总量中占比较小的行业，企业信贷损失率可能低于2008年国际金融危机时期的水平。从行业层面来说，疫情导致的衰退较为特殊。在大多数经济衰退中，制造业和建筑业等商品行业的收缩幅度最大，服务业则更具弹性。然而，受本次疫情影响最大的是休闲娱乐和交通运输等服务行业，批发及零售贸易受影响相对更小。商品行业的产出降幅小于其在2008年国际金融危机时期的降幅。同时，各国受疫情影响严重的行业的债务在总债务额中的占比相对较小。样本国家的娱乐产业信贷占非金融公司总信贷的1.5%~8%不等。若算上运输和贸易行业，多数样本国家的服务行业信贷占比提高到了15%~30%，仍低于商品行业信贷占比。

资料来源：How Much Stress Could Covid Put on Corporate Credit? Evidence Using Sectoral Data（www.bis.org）。

金融稳定理事会：
非银行金融中介风险是维护金融稳定的重点之一

金融稳定理事会（FSB）认为，非银行金融中介（Non-bank Financial

Intermediation，NBFI）是会对未来金融形态产生重大影响的领域之一。自2008年国际金融危机以来，全球非银行金融中介快速发展，金融中介链条中的相互关联性和复杂度也越来越高。在2020年3月金融市场震荡之前，对银行业脆弱性和转移至银行系统之外的风险的认识就被认为是维护金融稳定的关键，而3月的市场震荡将监管部门的注意力集中在了非银行金融中介上。要认识非银行金融中介这个形式多样的领域，需要将监管视角、市场视角和对整个金融生态系统的了解相结合。早在疫情之前，金融稳定理事会就组建了一个由中央银行家和市场监管者构成的高层小组，开展非银行金融中介的相关工作。

资料来源：*The FSB in 2021: Addressing Financial Stability Challenges in an Age of Interconnectedness, Innovation, and Change*（www.fsb.org）。

保理业务的全球增长和保理示范法制定

近年来保理业务量在全球范围内增长迅速，根据国际保理商联合会（FCI）的报告，2021年全球保理业务量达3.06万亿欧元。欧洲地区的保理业务量占全球业务量的三分之二，近年来持续增长，只有在2020年疫情后才出现近11年来的首次下降。欧洲地区国内保理业务量占比69%左右，其余是国际保理业务。

新兴市场国家保理业务增长也较快，不过，由于没有相应的法律来规范保理行为，转让应收款时通常以合同法的一般规定为依据，导致频繁出现纠纷。保理领域的法律空白目前只能靠司法解释等来补足。鉴于此，世界银行曾向国际统一私法协会（UNIDROIT）提出制定保理领域的示范法，并于2019年12月获私法协会批准。示范法将对应收账款受让人权利的产生、登记和优先权等方面进行规范，也将包含法律执行和法律适用的有关规定以及相关方的权利义务。迄今，保理示范法制定工作组已完成两个阶段的讨论。立法工作致力于在确保法律准确性的基础上，实际而灵活地覆盖各种复杂的保理安排，如有追索权/无追索权的保理、反向保理、暗保理等。此外，立法工作也将考虑分布式账本技术、智能合约等在保理领域的应用。

资料来源：*Model Law on Factoring: UNIDROIT's Approach to Receivables Financing*（www.fci.nl）。